たかが会計

資本コスト、コーポレートガバナンスの新常識

青山学院大学教授
福井義高 著

中央経済社

まえがき

資本コストとコーポレートガバナンスという実務と研究両方の世界で注目されているテーマを通じて、「たかが会計」の重要性を明らかにする。それが本書のねらいである。内容は実務的というより理論的ではあるけれど、テーマに興味をお持ちの方であれば、楽しく読んでいただけるよう書いたつもりである。小難しい数学などは一切使っていないし、会計の専門知識も不要である。

最近の会計研究論文や学術書には、一昔前と異なり、実務家には容易に近づけないスタイルで書かれたものが多い。この実務と研究の乖離は、会計研究における「科学化」志向と密接に関連する。会計学界のリーダーと目される研究者たちによれば、今後の会計研究のあるべき姿は以下のようになる（徳賀・大日方、2013）。

会計研究の目的は「会計現象に関する因果関係の解明（新たな知見の獲得）」であって、「研究者たちの主要な関心は、観察された事象と現在受け入れられている仮説との関連性に向けられ」ねばならず、会計研究も国際競争下にあることを考えれば、「『科学性を意識した論文の増加』は喫緊の課題である」る。したがって、「科学的な手法に則った論文」を執筆し「査読付きの学術雑誌（学会誌）」で発表することが、研究者として一流である証しとなる。現状ではそうなっていなくとも、今後はその方向に向けて、「学会誌への掲載は『自身の研究が価値あるものとして高い評価を受けた証明である』

という認識を学会メンバーが広く共有していなければならない。」
というわけで、「研究成果に対する社会からの要請に応えることにも一定の意義が認められる」とはいうものの、研究者たるもの「会計制度の設計や運用からは離れたところに身を置いたうえで、政治的時事問題を傍観する潔さが必要であり」、本書のような一般向け読み物を書くことは本来の仕事ではなく、せいぜい余技あるいは趣味ということになる。

会計学科学化の背景にある、書き手の個人的主張に終始する（ちょっと長い）感想文だらけだった過去に対する反省と将来への危機感は、筆者も共有するところである。しかしながら、筆者は同時に、会計にかかわる実務家のみならず一般の読者と著作を通じて対話することは、誰もが当事者である市場経済のバックグラウンドである会計の研究を進めていくうえで、必要不可欠な要素だと考えている。だからといって、今どきの私大文系学部の宣伝文句のように、実学志向の役に立つ話をしたいわけではない。そもそも、実務の世界で役に立たないから、その私大文系のセンセイをしているわけで、バーナード・ショーもいっているとおり、「できる奴はやる、できない奴は教える」のだ。

何とかかと同じく三日やったらやめられない高級（給）プータロー、もとい象牙の塔の住人らしく、あくまで理詰め（?）で冒頭に掲げたテーマに取り組んだ結果、世間の常識からかけ離れた結論となっている部分も多々ある。そういう考え方もあるのかと、実務や研究のヒントにしていただけたら、それこそ学者冥利に尽きる。

外国語文献を引用する際は、注で訳書頁数を記した箇所を除き、拙訳を用いている。引用中［　］で括った部分は筆者注である。外国人名は初出時姓名、それ以降は姓のみ表記を原則とした。

もととなった連載（「ひょっとすると役に立つかもしれない会計のはなし」『企業会計』全24回66巻

4号～68巻3号、2014～2016年）当初から本書上梓に至るまで、斎藤静樹東京大学名誉教授をはじめ、多くの方々に助けていただいた。この場を借りて感謝申し上げる。

本書はJSPS科研費18K01939の助成を受けた研究成果の一部である。

令和3年4月　細谷英二氏に

福井　義高

目次

第5部 利益最大化企業は必ず倒産する

第1部
利益が資本を決める

第1章　経済学の背後に会計あり

There is nothing so practical as a good theory.

Kurt Lewin

第2章　フローがストックを決める

Adam Smith had made waste and rubbish out of the thinking of 2,000 years.

Emil Kauder

第1章　経済学の背後に会計あり

経済学の権威に騙されないために

先の金融危機以降、それまで行け行けどんどんだった時価会計論者の勢いはどこへやら。既得権益擁護のため原価に固執する日本は、時価会計を推進する欧米基準とのコンバージェンスから爪弾きにされるという御託宣むなしく、金融危機で資産時価が暴落すると、欧米会計基準設定機関は、例外として臆面もなく即座に時価会計適用を停止してしまい、日本の国際派は梯子を外された格好となった。

実は、金融危機前から、欧州はともかく米国会計学界では時価会計推進への疑問が高まっていた。「会計基準のコンバージェンスが、グローバル化の進む市場環境のもと、誰の目にも望ましいインフラの共通化を超えて、イデオロギーにも近い資産・負債アプローチによる世界統合への政治的な暴走を許し始めると、確たる根拠の乏しい発言を抑制してきたアカデミズムのリーダーたちも、さすがに沈黙を破って警鐘を鳴らし」し始めていた。[1] 最近では、理論に裏づけられた新しい会計基準のあり方を提唱している学界の大御所スティーブン・ペンマン教授（コロンビア大）が、日本の会計基準が自らの考え方に先行するものであり、[2] 各国会計基準のなかで日本のものが自分の考えに最も近いとまで断

言しているのだ。(3)

日本に先駆けて、研究者の間で「会計制度の設計や運用からは離れたところに身を置いたうえで、政治的時事問題を傍観する」姿勢が確立した米国では、それをよいことに怪しげな「専門家」が跋扈し、根拠のない主張が業界の空気を支配してしまった。日本の国際派はまんまとそれに乗せられていたか、あるいは別の目的ゆえ乗せられたフリをしていたわけである。

そして、その際に権威として決まって持ち出されるのが、自然科学以外で唯一ノーベル賞が与えられる「社会科学の女王」経済学である。しかし、「自分の研究を少しでもハードに見せたいと思う研究者たちは、自分たちの取り扱う対象の実質を犠牲にしてまで、ハードな研究の形式を真似しようとする半面、自分たちの研究よりソフトにみえる研究に対しては冷たく振舞う。冷たく振舞うことによって、自分たちの研究がハードであることの保証が与えられるかのように。(4)」

本書では、経済学という「格上」の学問で会計学を断罪するのではなく、そもそも会計的思考を根底に持っている経済学の知見を借りながら、会計現象をより良く理解することを目指す。あるノーベル経済学賞受賞者(5)はこういっている。「経済学者が知っている、数少ない、正しく重要でしかも自明ではないことは、全て会計恒等式である」と。

まず、利益概念から考えてみよう。なお、以下「インカム」(income) の訳語には経済学で通例の「所得」ではなく、会計人らしく（！）原則として「利益」を用いる。

ヒックスの経済学的利益概念という神話(6)

期間利益測定を重視する伝統的会計観すなわち収益費用アプローチとは異なり、時価会計論者が依拠する（純）資産の期中変化として期間利益を捉える資産負債アプローチこそ確固たる経済理論に基づいているというのが、半ば通説と化している。たとえば、よく読まれているＩＦＲＳ解説書には「利益の諸概念」（concepts of income）と題してこうある(7)。

> 経済学者は一般的に、富を維持（wealth maintenance）するという利益概念を用いてきた。この概念の下では、主体（entity）に期首と同額の富を期末に残しつつ、期中に消費できる最大限の額が利益となる。富は期首・期末純生産的資産の当該時点での市場価値（market values）に応じて決まる。したがって、経済学者による利益の定義は、期間利益の決定において市場価値変化（富の増減）を完全に取り込む。これは純資産の全変化の純額を包括利益（comprehensive income）に対応させ、資産・負債を公正価値（fair value）で測定することに対応する。
>
> 一方、会計人は伝統的に、報告期間において収益・費用の認識可能な要素をもたらす一定の取引に対応して利益を定義してきた。

要するに、資産負債アプローチに基づく時価（公正価値）会計は経済学のお墨付きを得ているというわけである。そして、ここで経済学者の利益概念と呼ばれるものは、ジョン・ヒックスが『価値と資本』[8]第14章で定義した「インカム NO. 1」そのままといってよい。ただし、「NO. 1」ということは、当然「NO. 2」もあるはず。[9]

とはいえ、やはり「NO. 1」がヒックス一押しの定義なのだろうか。実際に原典に当たってみると、ヒックスはまず利益を「期末においても期首と同様に豊かでいられると期待できる、期間で消費できる最大限の価値」と一般的に定義する。[10]そして、「同様に豊か」を二通りに解釈し、「NO. 1」を「将来予想される収入（receipts）の資本価値を維持することが期待できる、今期使える最大限の額」、「NO. 2」を「来期以降も同額使えると期待できる、今期使える最大限の額」と定義している。[11]

ここで、ヒックスの利益概念を理解するうえで決定的に重要な点を述べておきたい。彼の定義する利益（の流列）は、実際に将来期待されるネットの収入（の流列）ではなく、その流列と同じ現在価値をもたらす、経済学でいう恒常所得（permanent income）すなわち将来持続可能な一定の利益水準だということである。[12]

> 利益の計算は、現実に将来得られるだろう収入の流列の現在価値と資本化された現在価値が等しくなるような、ある**標準的な**価値の流列を見つけることにある。

要するに、昨今の会計基準をめぐる議論での資本が先か利益が先かという二者択一において、前者をとる時価会計論者の大方の理解に反し、ヒックスは実現利益概念に近い発想で利益を捉えているのである。

それでは、「NO. 1」と「NO. 2」という2つの利益概念の関係はどうなっているのか。実は、割引率すなわち資本コスト（のイールドカーブ）が一定という仮定のもとでは、両者は同額となり、その違いは出てこない。しかし、入門の教科書でしかお目にかかれないこの非現実的仮定を緩めた場合、つまり各期の資本コストが違ってくると、「NO. 1」と「NO. 2」は一致しなくなる。本書では、「割引率」、「期待リターン」あるいは「資本コスト」は同じものを意味する。[13] 以下、原則として、実務家の間で用いられることの多い「資本コスト」を使うこととする。

さて、「NO. 1」は定義により毎期首の資本が同額であり、これに各期で異なる資本コスト[14]をかけたものが利益となる。当然、利益は一定とはならない。一方、「NO. 2」は定義により利益が毎期同額であり、各期の資本コストが異なるので、それを生み出す各期首の資本の額は一定とはならない。「NO. 2」では資本の額は維持されないのだ。

資本維持を基準とする、直感的にわかりやすい「NO. 1」は、資本コスト一定の場合には「NO. 2」と同額になることから、『価値と資本』において、一次近似として用いられている。しかし、利益とは「標準的な価値の流列」という考え方からすれば、両者が異なる場合、「NO. 2」がヒックスの利益概念とみなされるべきである。実は、「NO. 2」を定義したすぐ後のところに、中心概念すなわち前述の利益の一般的定義により近いのは「NO. 2」だと書いてある![15] 本全部を読まなくても、せめて章全体（補論を含め原文で18頁、邦訳は文庫本で32頁）に目を通せば、ヒックスの言わんとすることを取り違える余地はないと思うのだが…。

『価値と資本』における「NO. 2」の利益概念は、ヒックス自らが認めているように[16]、フリードリヒ・ハイエクに負っており、ハイエクは自らの利益概念がアーヴィング・フィッシャーの考え方を発展させたものだとする。[17] そのフィッシャーを20世紀米国で最も偉大な経済学者とするヨーゼフ・シュンペーターによれば、「パレートからも高く評価された、彼の『資本と所得の本質』[18]は、会計の経済理論をはじめて示したことに加え、現代所得分析の基礎である（し、そうであるべきだ）」[19]。要するに、資本が利益を決めるのではなく、利益が資本を決める、それが経済学の王道である。

ここまで、話が複雑になりすぎないよう、期待の変化については触れてこなかった。次章はこの点を考えてみたい。

第2章　フローがストックを決める

アダム・スミスの寄り道[1]

本書でいう経済学、いわゆる新古典派経済学は、その前身たる古典派経済学の創始者である「経済学の父」アダム・スミス以来、市場原理を正当化するアングロ・サクソン資本主義のイデオロギー、一種の神学にすぎないとは、お決まりの「根源的」批判である。経済学が科学を装ったイデオロギーかどうかはともかく、「アングロ・サクソン」という形容詞は、少なくとも歴史的には正しくない。

前章の最後で「資本が利益を決めるのではなく、利益が資本を決める、それが経済学の王道」と述べたけれども、その直接の出発点である1870年ごろに欧州各地で同時に起こった限界革命三羽烏のうち、イギリス人はスタンレー・ジェヴォンズのみ、カール・メンガーはオーストリア人、レオン・ワルラスはフランス人である。

さらに、この現代経済学の根底にある主観的効用価値説は、少なくとも中世スコラ哲学にまで遡ることができる[2]。一方、労働価値説に基づく『国富論』を1776年に発表したスミスは、むしろこの王道からの逸脱とすらいえる。「我々の経済科学の父は、水は大きな効用と小さな価値を持つ、と書いた。このわずかの言葉で、アダム・スミスは2千年にわたる思考を無駄にしてしまった。価値原則のより正しい理解に基づいて、1870年ではなく1776年に始まる機会が看過されてしまったのだ[3]」。新古典派経済学は欧州大陸カトリック文化あるいは文明の嫡子であり、労働価値説に基づくスミス経済学はカール・マルクスの『資本論』に結実したともいえる。スミスは資本主義ではなく社会主義経済学の父だった!?

さて、ここでもう一度、「利益が資本を決める」ということの意味を確認しておく。ストックとフローの関係を図式化すれば、**図表2・1**のようになろう[4]。たとえば、リンゴの木というストックからリンゴの実というフローが生じる。しかし、この物理（生物）的因果関係は、資本が利益を決めることを意味せず、逆に、リンゴの木から将来得られるリンゴの実というフローに価値を置くからこそ、リンゴの木というストックに価値が生じるのだ。すなわち、将来の期待利益（収入）があってはじめて、その割引現在価値として資本の価値が決まってくる。

図表2・1　ストックとフローの関係

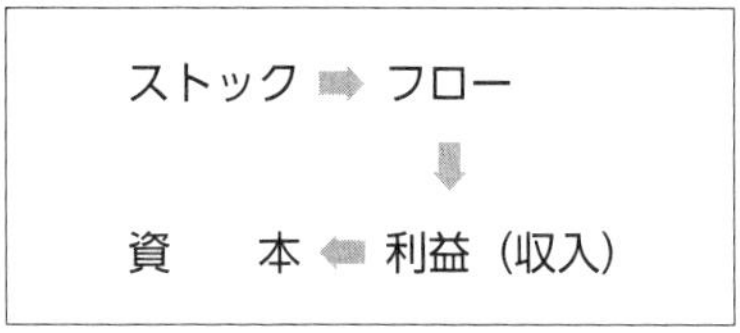

物理（生物）学ではなく、価値論すなわち経済学における因果関係はフローからストックなのである。時価評価に基づく資産負債アプローチは、ストックに内在する価値をみようとしたアダム・スミスの寄り道に迷い込んだまま、「ものに内在する価値という、経済学ですらはるか昔に断念した実体の鬼火を追い続け[5]」ているともいえる。

なお、複式簿記が血肉と化している会計人の間では、請求権（貸方）である資本と請求権の対象（借方）である資産が厳密に区別されるのに対し、経済学では資本（capital）が資産そのものの意味で使われることが多い。筆者も会計人の端くれとして、本来は厳密に区別すべきところ、ここまで両方の意味で「資本」という表現を使ってきた。次節以降、両者の区別が議論に関係してくるので、煩雑にならない範囲で使い分けていく。

純資産≠株主資本という王道[6]

「利益が資本を決める」という考え方を、単なるスローガンに終わらせることなく、第1章で取り上げたヒックス一押しの利益概念「インカム NO．2」を現実の会計基準に応用するにはどうすればよいか。将来に対する期待が変化する前後すなわち事前事後で、利益と資本あるいは資産がどう変化すべきかを通じて考えてみよう。

実は、しばしば時価会計論者によって権威づけに利用される『価値と資本』で、ヒックス自ら事前事後の問題について首尾一貫した議論を展開している。経済動学における期待の役割を重視するヒックスが、現実が期待どおりにならないことを明示的に考慮するのは当然といえば当然である。ただし、本文では避けられていた数式を駆使した、会計研究者がほとんど触れない第14章補論においてであるが。

ここでは、期間無限[7]かつ事前も事後も期待収入流列と資本コストが一定（イールドカーブがフラット）で、変化する際は、それぞれ一定の収入流列と資本コストが一斉に上下する場合を考える。資産価値はファンダメンタル・バリューに等しいとする。

この場合、事前の資産価値、収入および資本コストの関係は、無限等比級数の和の公式[8]から、

事前資産価値＝事前期待収入÷事前資本コスト

であり、期待が変化した後すなわち事後の関係は、

事後資産価値＝事後期待収入÷事後資本コスト

となるはずである。期待変化による（純）資産増減すなわち評価損益は両者の差であることはいうまでもない[9]。期待収入と資本コストの両方が同時に変化する場合は話がややこしくなるので（次節で扱いますのでご心配なく）、どちらか一方だけが変化する場合を、数値例を使って検討する。

収入流列が一斉に変化した場合から始める。

事前には資本コストが10％、期待収入が１００と見込まれていれば、事前の資産価値は１、０００（＝１００÷０・１）となる。そこに期待の変化が生じ、事後には資本コストは10％のままで、期待収入が１２５に上方修正されると、事後の資産価値は１、２５０（＝１２５÷０・１）に上昇する。この期待の変化による資産（価値）増、すなわちウィンドフォールである２５０（＝１、２５０－１、０００）は利益とみなすべきだろうか。

まず、ヒックス自身の言葉[10]に耳を傾けよう。

行動に直接関連する利益は常にウィンドフォールを除かなければならない。もしウィンドフォールが生じたならば、それは将来の利益を（ウィンドフォールに対する利子を通じて）上昇させるものと考えるべきであって、今期の意味ある利益（effective sort of income）に反映させるべきではない。

さすが亡くなる前に「経済学界のミスター会計」(the accountant of the economics profession) として記憶にとどめておいてほしいと語った人[11]にふさわしい、一種の実現利益宣言である。

とはいえ、維持すべき利益水準を事前の100と考えるならば、事後の期待収入125との差である25の現在価値250(=25÷0.1)は、期待が変化した時点で利益として計上すべきという考えも成り立つようにみえる。しかし、これは利益の二重計算をもたらしかねない。なぜなら、ウィンドフォールが期待変化時にすでに評価益として計上されているのに、将来収入が実現するたびに、ウィンドフォールに対応する25も含んだ125が各期の利益として計上されるからである。この二重計算を避けるため、期待収入上昇に伴う資産増の場合[12]は評価益を計上せず、収入が実現した時点で125ずつ利益を計上するのが望ましいように思える。

それでは次に、収入ではなく資本コストが一斉に変化した場合はどうだろうか。収入変化の場合と同様に、1,000(=100÷0.1)と見積られていた事前の資産価値は、収入流列の見込みは100のまま資本コストが10%から8%に低下すると、事後にはやはり1,250(=100÷0.08)に上昇する。

この資本コスト(だけ)が変化した場合の資産増250(=1,250−1,000)は、上述の将来の収入見込みが変化した場合以上に、利益とはみなしがたい。なぜなら、期待変化時にウィンドフォール250を利益と認識すると、利益の二重計算というより、資本が毀損されかねない。たとえば、期待変化に伴う資産増250をすべて配当(消費)しても、事前の資産額すなわち資本1,000は名目上維持される。しかし、資本コストすなわち期待リターンが8%に下がったことを反映し、配当後の資産1,000は将来80(=1,000×0.08)の収入しか生まない。期待変化前も後も、

（配当前の）資産がもたらす将来収入見込みが１００であることに変わりはないのに、元手を先食いしてしまった結果、事前の期待利益１００が維持できず、80に減少してしまう。[13] しかし、期待収入であれ資本コストであれ、その変化によって資産価値が変動することも確かである。とはいえ、評価損益計上を通じて株主資本に計上するのは、特に資本コスト変動の場合は望ましいとはいえない。

ではどうすればよいか、と筆者が悩む必要もなく、日本の会計基準ではすでに巧妙にこの問題は解決されている。純資産と株主資本を区別し、（マイナスの場合も含む）利益に計上されない評価損益を株主資本以外の純資産に計上するという、グローバル・スタンダードからの逸脱として国際派からは評判の悪い、日本独自の資本会計である。本節数値例の場合、事後のバランスシートはともに、

（純）資産＝株主資本　＋その他の純資産

１，２５０＝１，０００＋２５０

となる。時価会計論者が愛用する「ＮＯ．１」同様、利益概念の王道である「ＮＯ．２」もある意味、資本維持を要求している。ただし、資本の額自体を維持するのではなく、同じ収入流列を維持するために必要な資本を確保することを求めている。日本の会計基準はこの王道を具現化しているといってよい。

利益が減って資産価値が上がるパラドックス

前節の議論の論理的帰結として、利益が減少（増加）しても資本あるいは資産価値が上昇（低下）

するという「不可解」な現象が生じることに、慧眼な読者はすでにお気づきであろう。

議論をいたずらに複雑にしないため、前節同様、収入と資本コストは一定で期待変化の前後でその水準が一斉に変化する場合を例に、このパラドックスを説明する。

期待変化前、期待収入が１００、資本コストが10％で、資産価値が１，０００（＝１００÷０・１）のところ、期待変化が起こり、期待収入が75に減り、資本コストが５％に低下したとしよう。この場合、期待収入減にもかかわらず、資産価値は５割増の１，５００（＝75÷０・０５）になる。一方、期待変化によって、収入が１２０に増えても、資本コストが15％に上昇すれば、資産価値は２割減の８００（＝１２０÷０・１５）になってしまう。

会計基準をめぐる議論では、将来（期待）キャッシュフロー増加と資産価値上昇が短絡的に（ホントは深慮遠謀があるのかな）結びつけられているけれども、それは資本コストが一定で変化しないという前提でのみ成り立つ議論である。要するに、

資産価値＝期待収入÷資本コスト

なので、資産価値と期待収入が必ず同じ方向に動くためには、資本コストが変動しないという条件が必要なのだ。実は、この期待収入流列が減って（増えて）資産価値が上がる（下がる）ことをパラドックスと感じるのは、実現利益概念に基づく収益費用アプローチの立場からみれば、それこそ「不可解」である。

定額給付を永続的に行う方針のファンド、たとえば年金基金が、将来収入（利益）見込みが減少すると同時に資本コストが下がる事態に直面したとしよう。期待収入減少をカバーするほど資本コスト

が下がれば、基金の保有する資産価値は上がる。さきほどの資産価値が5割増になった例がまさにそうである。この場合、確かに資産価値は上昇したけれども、従来と同額の年金給付を続けるといずれ資産は枯渇するので、基金永続のためには利益減少に合わせて年金給付水準を下げざるを得ない。

逆に、将来収入（利益）見込みが増加すると同時に、資本コストが上がった場合はどうか。資本コスト上昇をカバーするほど期待収入が増加しなければ、基金の資産価値は下がる。さきほどの資産価値が2割減になった例がまさにそうである。しかしながら、期待収入が増えたので、減少した資産価値を維持したまま、増加した利益に合わせて毎年の年金給付を永続的に増やすことが可能となる。

長期に資産を運用する、つまりゴーイングコンサーンの観点からは、資産価値上昇は必ずしも手放しで喜ぶべき事態とはいえず、資産価値の増分すなわち純資産増を利益とみなす資産負債アプローチは意思決定基準として望ましいとはいえない。それに比べ、意識的か否かはともかく、実現利益に基づく収益費用アプローチの背景にあるといってよい、ヒックスの標準的価値流列としての利益概念は、我々の直感（増えたら良い、減ったら悪い）と合致する意思決定基準といえる。

ところで、ここまでの議論は、将来収入見込みだけではなく資本コストも期待変化に応じて変動するという仮定に決定的に依存している。一方、会計人が目にするファイナンスの教科書や参考書では、通常、資本コスト一定が前提とされているし、会計の研究論文でも同様である。結局、いかにも学界きって（?）の嫌味なソフィストらしく、非常識な結論を得るために恣意的な仮定を置いて、筆者がひとり悦に入っているだけではないのか。

確かにごもっともな疑問。実は、2013年にファイナンス研究者3人がノーベル経済学賞を受賞した背景にあるのは、この変動する資本コストという発想なのである。

第2部
それでも資本コストは動いている

第３章　変動する資本コストという事実

Expected returns in "good" times are lower than expected returns in "bad" times.

Nobel Prize Committee

第４章　変動する資本コストと利益流列の重要性

We need to recognize and incorporate discount-rate variation in applied procedures.

John Cochrane

第５章　無益で不確かな割引現在価値情報

It is a very beautiful line of reasoning. The only problem is that perhaps it is not true.

Richard Feynman

第3章　変動する資本コストという事実

会計研究とノーベル賞

物理学、化学あるいは医学・生理学に与えられる本物のノーベル賞ほど権威はないとはいえ、経済学賞の存在は他の非自然科学分野とは違ったオーラを経済学に与えている。一言で表現すれば、「科学性」の承認ということになろうか。

「本物」でないというのは、学問の優劣ということではなく、その設立の経緯が異なるからである。アルフレッド・ノーベルの遺言と遺産に基づいて設立された上記三賞と平和賞および文学賞とは異なり、経済学賞は1968年にスウェーデンの中央銀行（Sveriges Riksbank）が創立3百年を機に作ったノーベル記念経済学賞であって、本来の五賞と同様に扱われてはいるものの、正式には別物なのだ。

実際、自然科学者のなかには経済学賞を「偽物」とみなす人は多い。歴代受賞者をみると、最初（1969年）の受賞者こそ2人（ラグナル・フリッシュとヤン・ティンバーゲン）とも欧州から選ばれたものの、米国人が全体の半数を超える。この極端な米国偏重を同国での経済研究が飛び抜けて優れている証左とみるか、学問としてのいかがわしさの反映とみるか、人それぞれであろう。

ところで、経済学賞の特徴として、受賞者が必ずしも経済学者に限られないことが挙げられる。たとえば、２００２年に受賞したダニエル・カーネマンは誰もが認める心理学界の巨星である。また、１９７８年に受賞したハーバート・サイモンは経済学者というよりルネッサンス的万能の天才であり（博士号は政治学で取得）、受賞時はすでに心理学や計算機科学の分野に研究の重点を移していた。

というわけで、会計研究者にも受賞のチャンスはあるかも。実は、サイモンは受賞記念講演[1]で、かなりの読者がご存知の会計学者と主に１９６０年代に行った共同研究[2]に言及している。ユージ・イジリすなわち井尻雄士カーネギーメロン大元教授である。ただし、その内容は会計とはあまり（全然かな？）関係ない、企業規模と成長に関するものであった。やっぱり、会計固有の分野では難しいのだろうか。

いや、そんなことはない！

過去の受賞者のなかではあまり目立たない存在とはいえ、英国のリチャード・ストーンがまさに会計そのものに関する業績で１９８４年に受賞しているのだ。ただし、企業会計ではなく、複式簿記に基づく国民経済全体の会計、国民経済計算に関してである。残念ながら、あまり関連づけて論じられないけれど、ＧＤＰなど国民経済計算におけるフロー推計は基本的にヒックスの所得概念「インカムＮＯ．２」に沿って行われている。したがって、資産の評価損益はフローを通さず、ストック勘定において調整され、国の資本あるいは純資産である国富が推計される。ＧＤＰは世界中で、欧米より日本の企業会計基準に近い方法で作成されているわけである。

数値の実質化の問題、つまり一般物価水準の変動をどう処理するかをめぐっては盛んに議論されているけれども、究極のゴーイングコンサーンである国民経済の期間業績を、期末と期首の資産時価差額である「包括GDP」で評価せよと論ずる公正価値GDP論者の存在は寡聞にして知らない。にもかかわらず、企業というゴーイングコンサーンを対象にしているはずの企業会計の世界においては、同様の主張が経済学に沿った正統な考え方と喧伝されているのである。

ついでながら、国民経済計算は会計研究者の貢献が大いに期待できる分野である。文系が苦手とする小難しい数学は不要で、求められるのは複式簿記に基づく会計的思考の徹底である。会計教育や会計関連資格試験に国民経済計算をもっと積極的に取り入れるべきというのは、筆者のような世間知らずの書生論であろうか。

受賞者の顔触れは大人の事情？

2013年のノーベル経済学賞は、ファイナンス分野の実証研究が対象となり、ユージン・ファーマ、ロバート・シラーおよびラース・ハンセンの3人に与えられた。このうち、ハンセンは、その業績を理解するにはかなり高いレベルの統計理論の知識が求められるため、高尚すぎて素人受けしないということなのか、受賞をめぐる報道や解説であまり言及されなかった。世間ではもっぱら、市場は合理的と主張するファーマと、市場の非合理性を強調するシラーの対決という構図で受け止められていた。

たとえば、「サラリーマンの少年ジャンプ」『日本経済新聞』の受賞時の社説(3)は、両者の「資産価格の決定メカニズムに関する見方が大きく異なる」としてこう続ける。

行動経済学の視点で考えるシラー氏は投資家心理が一方向に傾くことで、資産価格が合理的に説明できない水準になりうることを立証。一方のファーマ氏は投資家が情報を常に迅速に取り入れることで適正な資産価格が決まると、市場機能重視の結論を導き出す。

資産価格は投機や群集心理だけで決まるわけではない。古い発想ではとらえにくい新しい価値やトレンドを正確に映しだすケースもあろう。半面、いったん流れができると雪崩現象が起き、非合理的な価格が定着するケースもある。

それにしても、この社説では受賞したのは３人という記述はあるけれど、ハンセンはその名前すら出てこない。字数が限られる社説とはいえ、この扱いはちょっとハンセンに失礼ではなかろうか。

２日後に出た依田高典京大教授執筆の同紙「経済教室」[4]も、「ノーベル経済学賞に米の３氏―資産価格分析、異なる見解」と題され、その論調はやはり社説同様、ファーマ対シラーの構図に基づいている。冒頭に、「同じ分野で異なる立場の同時受賞は異例」、「ファーマ氏は『効率的市場仮説』を提唱」、そして「シラー氏は投資家の心理学的性向を重視」という３つのポイントが挙げられ、またたハンセンの名前はなし。ただし、本文では、ハンセンの名とともにその業績である「一般化モーメント法」への言及がある。対立する学派を代表する２人と違って、ハンセンは画期的手法を開発した技術者という理解なのかもしれない。

さて、「同じ分野で立場が異なり、ライバル視されてきた研究者が同時受賞するのは珍しい」とすれば、「選考委員会の意図は、どの辺にあったのだろうか」。依田教授は、万年受賞候補だったファーマへの授与見送りが限界に達していたと指摘したうえで、次のような「政治的」解説を行っている。

投資家の合理性を前提とする効率的市場仮説か、投資家の判断の限界を認める行動ファイナンスのどちらか一方のみに賞を与えるのも市場に対して一方的なメッセージを与えかねない。

どちらか一方に軍配を上げることなく、双方の立場をそれぞれたたえ、最終決着は今後の研究の進展に期待するというバランス力学が、選考委員会の中で働いたのではないかとも想像される。

要するに、大人の事情というやつである。

しかし、3人の受賞をあくまで「科学的」に説明することはできないのだろうか。まずは、ノーベル経済学賞選考委員会が公式に発表している選考理由(6)に直接当たってみよう。

理論的説明を待つ事実の存在

「資産価格を理解する」(Understanding Asset Prices) と題された選考委員会の展望論文を読むと、「金融市場がどう機能しているのかに関して、我々は未だ完全で一般に認められた説明を得るには至っていない」として、確かに資産価格理論に異なる立場が存在することを認めている。しかし、今回の賞は実証研究に基づくものであることが明記され、立場すなわち理論というよりも、確固たる事実を発見した点が強調されている。この観点からいえば、なるほどこの3人の貢献には共通したものがある。それでは資産市場、とりわけ株式市場にはどのような事実が存在することが明らかになったのであろうか。それは大きく分けて3つある。短期予測不能性、長期予測可能性そして複数リスクファクターの存在である。

まず、短期的には、株価は新しい情報をすぐに織り込むので、株価リターンの予測可能性は極めて限られており、仮に存在するようにみえても、その程度は小さすぎて取引コストを勘案すると利益を得ることはできない。株価の動きは短期では予測不能で、上がるか下がるかわからないということである。一方、長期的には、経済的に意味のある大きさの予測可能性が存在する。これは期待リターンすなわち資本コストの変動を意味している。特に、経済環境が良い（悪い）ときには期待リターンは低く（高く）なる。短期の場合と違って、長期でみれば、株価水準が高いとか低いということが、ある程度わかるということである。短期予測不能性と長期予測可能性が時系列での事実であるのに対し、複数リスクファクターの存在というのは、（同時点複数資産の）クロスセクションにおける事実であり、期待リターンがＣＡＰＭでは唯一のファクターである市場リスクプレミアム（その係数がベータ）だけではなく、それ以外のファクターにも依存するということである。

もう少し具体的に説明すると、ファイナンス入門教科書の定番ＣＡＰＭでは、リスクファクターは市場リスクプレミアムのみなので、

期待リターン＝無リスク利子率＋市場ベータ×市場リスクプレミアム

であるのに対し、複数ファクター（multi-factor）モデルでは、市場リスクプレミアム以外のリスクファクターが少なくとも１つあるので、

期待リターン＝無リスク利子率＋市場ベータ×市場リスクプレミアム
＋ベータ$_2$×リスクファクター$_2$＋ベータ$_3$×リスクファクター$_3$＋…

となる。なお、タテ（時系列）の長期予測可能性とヨコ（クロスセクション）の複数ファクターの存在は、コインの表と裏といってよい。長期予測可能性とは時系列で株価水準が「高（低）すぎる」時期があるという主張であり、複数ファクターの存在とは市場ベータからみて「割高（安）」株があるという主張である。

この3つの事実をどう解釈するか、どのような理論的説明を行うかについては、いろいろな考え方あるいは立場がありうる。しかし、理論というものは、まずそれが適用される事実がなければ空虚な思弁になってしまう。いかなる理論に立脚するにせよ、統一的に説明する必要がある事実を明らかにするうえで、今回受賞した3人が果たした役割が大きかったことは誰もが認めるであろう。

その理論的解明、特に長期予測可能性と複数リスクファクターに関して、注意を要する点がある。それは、米国ファイナンス学会元会長ジョン・コクラン教授（スタンフォード大）[7]が強調しているように、我々が期待形成と効用関数についての複合仮説に直面しているという点である。

株価などのストック価格が将来フローの現在価値すなわちファンダメンタル・バリューで決まっているとすれば、**図表3・1**のように図式化できる。[8]

図表3・1　ストックとフローの関係

$$\text{ストック価格} = \frac{\text{期待フロー}}{\text{資本コスト}}$$

事実として、実際のフロー（流列）はそれほど変動しないのに、ストック価格は激しく変動する。個別株価がそうであるだけでなく、市場全体の時価総額もそうである。そこで、シラーら行動ファイナンス派は、右辺分子の期待形成が合理的でない、つまり実際のフロー流列とは大きく異なる間違った将来フロー見込みに基づきストック価格が形成されるので、ファンダメンタル・バリューから乖離すると主張する。

しかし、投資家の効用関数に基づく資本コストが経済状況に応じて変わるとすれば、投資家が実際のフローを平均的に正しく、つまり分子があまり変動しないと予測していても、分母である資本コストが合理的に変動することで、ストック価格は大きく変動する。こう解釈すれば、合理的期待形成に基づく市場均衡理論と長期予測可能性は両立する。

したがって、前記「経済教室」の「資産価格の長期変動に関してはシラー氏の見方に軍配が上がった」という主張は正しいとはいえない。選考委員会の展望論文でも、ファーマが長期予測可能性という事実を前提とした市場均衡モデルを早くから提示していたことを明記している(9)。

この2つの解釈のどちらが正しいのか。コクランが指摘するように、「どれだけ価格を凝視しても、この解釈問題は解決できない。我々にはモデルが必要なのだ」。投資家の効用関数も期待形成過程も両方とも直接観察することはできないので、何らかのモデルを仮定して議論するしかない。行動ファイナンスには、「後付けのもっともらしいお話の段階にとどまらず、非合理的期待と他のデータを検証可能なかたちで結びつける、科学的にみえる（scientific-looking）モデル」が必要といえる。

今後の会計実務・研究の出発点

すでにお気づきの方も多いと思うけれども、受賞業績の根幹といってよい3つの事実の発見は、それぞれ会計実務および研究と密接に関わってくる。今後の会計実務と研究を考えるうえで、出発点となるべき事実なのである。

短期予測不能性に関しては、いわゆる効率的市場仮説が少なくとも短期では（ほぼ）成り立っているというのが、もはやコンセンサスといってよい。コクランの表現を借りれば、「効率性は勝った、我々は次に進んでいる」[10]のに、会計研究者は会計数値の「情報価値関連性」をめぐって、限界生産性が高いとは思えない実証分析に余念がない。

長期予測可能性に関しては、その背後にあるのは、利益概念を検討するうえで決定的に重要な、資本コストの変動という事実である。にもかかわらず、研究においても実務においても、会計の世界では資本コスト一定という仮定のもとでしか成り立たない議論が行われている。

複数リスクファクターの存在は、まさに会計数値が直接かかわってくる。市場リスクプレミアム以外で最も重要とされるファクターは、ＰＢＲ（株価純資産倍率）に基づいて作られるＨＭＬ（high minus low）ファクター[11]である。

しかも、この数値はＰ（株価）とＢ（純資産簿価）[12]が乖離するから意味がある。なぜなら、もし完全時価会計すなわち、簿価＝時価となれば、どの企業もＰＢＲ＝１となり、指標の意味がなくなる。完全に一致させないにしても、時価と簿価の乖離を小さくすると、会計情報の投資判断有用性は低下する可能性がある。

第４章では利益流列という視点から、実証ファイナンスの成果が会計基準や会計実証研究に与える（べき）影響について考える。

第４章　変動する資本コストと利益流列の重要性

変動する資本コストの決定的重要性

あまりにも当たり前ながら、会計研究においても会計基準設定においても企業活動が多期間からなることを明示的に取り入れた動学的視点が不可欠である。したがって、利益について議論する場合、各期の利益というより、期間全体の利益流列という視点で考えねばならない。

第３章で述べたとおり、実証ファイナンス研究に貢献したとして、ファーマ、シラーおよびハンセンにノーベル経済学賞が２０１３年に与えられた際、選考委員会の展望論文(1)は、資産価格理論には未だコンセンサスは存在せず、相反する理論が競合していることを認めつつ、授賞理由として、理論というよりも「確固たる実証事実」（robust empirical findings）を示した点を強調している。大きく分けて３つ、短期予測不能性、長期予測可能性そして複数リスクファクターの存在である。

なかでも、利益流列の視点から、特に重要な事実が長期予測可能性である。ノーベル賞選考委員会は次のように述べている(2)。

長期的には、株価リターンには経済的に意味のある大きさの予測可能性が存在し、期待リターンあるいは割引率が変動することを示している。とりわけ、「良い」時期（景気変動のピークで、株価配当倍率など相対的評価指標が高いとき）の期待リターンは「悪い」時期の期待リターンより低くなる。

株価に限らず、将来に期待されるフローを割り引いた現在価値としてストック価格が決まる場合、**図表4・1**のように図式化できることは第3章で述べた。ノーベル賞選考委員会が指摘する、実証によって明らかになった長期予測可能性を、この図式を用いて表現すれば、右辺分母の資本コストの変動によって、株価というストック価格が変動し、資本コストの変動は景気変動等と相関するので、将来の株価水準をある程度予測することができるということになる。

しかも、コクランが「割引率」（Discount Rates）と題された米国ファイナンス学会会長講演で指摘しているように、市場全体でみると、「株価配当倍率の変動はすべて割引率変動に対応している」[3]し、配当の代わりにフロー指標として純利益を使っても同様の結果が得られる。[4]さらに、この割引率すなわち資本コスト変動がもたらす長期予測可能性は、株価に限らず、不動産をはじめとするストック価格全般に当てはまる。

要するに、市場全体でみると、株価は配当や利益といったフローではなく、もっぱら会計測定の守備範囲外である資本コストの変動で決まってしまうのだ。この事実を前提として、いかなる資産価格理論を構築するかが、今日のファイナ

図表4・1　ストックとフローの関係（図表3・1再掲）

$$\text{ストック価格} = \frac{\text{期待フロー}}{\text{資本コスト}}$$

ンス理論の最重要課題といってもよい。ただし、市場全体のみならず、多数の株式から構成されるポートフォリオでみると、株価変動の主要因がフローではなく資本コストの変動である一方、個別株価レベルでは、フローの変動が重要であることに変わりはない。個別株価におけるフロー変動の重要性が、なぜポートフォリオのレベルでは失われるのか。その理由は、フローの変動が個別要因に拠るため分散投資によって除去されてしまうのに対し、資本コスト変動はシステマチックな要因ゆえ、その効果が分散投資によって除去できないことにある[5]。

変動する割引率すなわち資本コストは、単なる理論的関心事に留まらない。コクランも指摘するように、「我々は応用の場においても、割引率変動を認識し、取り入れていく必要がある」。ところが、会計をはじめ、ファイナンス理論が応用されている分野では、ほとんどの場合、本質的に一期間モデルであるＣＡＰＭとリターンの予測不能性を前提に、「価格はキャッシュフローのニュースのみを明らかにすると仮定されている[6]」。

コクランは具体例として会計を取り上げ、以下のように示唆に富んだ指摘を行っている。

> 低い資産価格は支払不能―将来の元利償還の可能性低下―ではなく、「流動性不足」あるいは「一時的に押し下げられた評価」の反映である、という銀行の文句はおそらく、ある程度は理にかなっている。おそらく、こうした事態にすぐに対応して自己資本［増額］を要求すべきではないのだろう。おそらく、「満期保有」会計処理は一見そう思えるほどばかげたものではない。…
>
> 私は、時価（mark-to-market）会計が悪いとか、数字をごまかすのが良い考えであると主張しているわけではない。いいたいことは、時価情報を手にしてあなたが行うことが、キャッシュフロー変動が主

導する世界と割引率変動が主導する世界とでは、かなり違ったものになるだろうということである。時価評価はもはや「それさえ知ればよいという意味で」十分統計量ではない。

会計情報に関して、今日では何よりも投資意思決定有用性が重視される。ところが、会計基準設定をめぐる議論においては、資産価格変動を「キャッシュフロー変動が主導する世界」、すなわち事実に反した状況が想定されるようにみえる。残念ながら、現実が「割引率変動が主導する世界」だということは想定外となっているといわざるを得ない。

国際会計基準に変化の兆し

2015年に公開草案が公表され、2018年3月に正式に改訂版が公表されたIASB（国際会計基準審議会）の概念フレームワークは、これまでの硬直的資産負債アプローチに基づく純利益排撃と時価至上主義が鳴りを潜め、フローを重視する伝統的会計測定にかなり配慮したものとなっている。IASBの立場は、意識的かどうかはともかく、経済学の基本的発想に基づく利益流列重視の方向にあるといえる。

この概念フレームワークは、「報告企業が継続企業（going concern）であり予見可能な将来にわたり営業を継続するという前提」に立つ(7)。したがって、「財務諸表の目的は…財務諸表利用者が報告企業への将来の正味キャッシュ・インフローの見通しの評価及び企業の経済的資源に係る経営者の受託責任の評価を行う際に有用な情報を提供することである」(8)。

その財務諸表の中心となるのが純損益（計算書）[9]である。ハンス・フーガーホーストＩＡＳＢ議長は、公開草案公表時のプレスリリース（２０１５年5月28日付）で、「提案における２つの特に重要な領域は、企業の財務業績の指標としての純損益（profit or loss）の主要な役割を明確化したことと、歴史的原価及び時価（current value）測定が提供する情報を記述している章」と明言し、従来の純利益概念に相当する純損益を「公開草案」の目玉として扱っていた。改訂された概念フレームワークでは、「純損益計算書は、企業の当報告期間の財務業績に関する情報の主要な源泉」[10]と明記されている。

しかし、クリーンサープラス関係、

期首資本＋利益＋資本取引＝期末資本

を前提[11]とする限り、バランスシートと損益計算書[12]はいわば機械的につながっている。概念フレームワークでは、「収益及び費用に関する情報は資産及び負債が提供する情報と同等に重要である」とされる一方、「収益及び費用は資産及び負債の変動によって定義され」るので[13]、結局、従来同様、利益は時価評価を重視する資産負債測定の「派生物」となるしかないようにみえる。

実は、クリーンサープラス関係を一時的に棚上げすることで、利益の派生物化を回避したのが、純損益すなわち伝統的純利益概念なのである。[14]純資産変動額から「機械的」に決まる包括利益を純損益とＯＣＩ（その他の包括利益）に切り分けることで、純損益を「企業の当報告期間の財務業績に関する情報の主要な源泉」にすることが可能となる。その背後にあるのは、「現在の価値（current value）による測定基礎（財政状態計算書における資産又は負債について）」とともに、「異なる測定基礎（純損益計算書における関連する収益及び費用について）」を用いることで、「情報の目的適合性が高まる（more relevant）か、又は…より忠実な表現（more faithful representation）がもたらされる」場合があるという概念フレームワークの認識である[15]。

フロー流列がストック価値を決定するという経済学の基本的発想に基づけば、期間業績、特にそのうちの持続的要素の情報こそ、投資意思決定に最も有用な情報といってよい。ところが、包括利益は期中の資産負債評価額から機械的に算出されるので、当該期間の業績とは無関係な、将来の期待変動に基づくウィンドフォールが混入する。それに対し、純損益という新名称を与えられた純利益は、評価損益の全部あるいは一部をOCIとして別計上することで、単なる純資産変動額にすぎない包括利益と異なり、収益費用の観点から期間業績を測定することが可能となっている。

変動する資本コストと会計基準

改訂されたIASBの概念フレームワークでも、また結果的にその先駆けとなった日本の概念フレームワーク[16]でも、資本コストが変動するという資産市場の厳然たる事実が、明示的には扱われていない。とはいえ、純資産変動額にすぎない包括利益とは別に、利益流列の視点から測定される純利益（純損益）を期間業績の主たる指標とすることは、資産価格変動の大宗が資本コスト変動に起因するという事実と整合した会計測定を可能にする。

市場全体でみれば、資産価格変動がもっぱら資本コストの変動によってもたらされるということは、期待フロー変動が資産価格を左右するわけではないことを意味する。要するに、市場における資産価格上昇（低下）という情報は、将来期待される利益流列の水準上昇（低下）を意味しない。割引率すなわち資本コスト変動が主導する世界では、資産価格は将来の収益性を知るうえで十分統計量ではない。資産価格情報とともに、むしろそれ以上に収益費用ベースで測定された利益情報が決定的に重要となる。

そもそも、純資産変動額に資本取引を加減したにすぎない包括利益は、定義上、期首と期末のバランスシートが提供する以上の追加的情報価値を持ち得ない。包括利益はストック情報（の派生物）であってフロー情報ではない。したがって、包括利益か純利益かというフロー指標間の対立であるかのような、通常の問題設定は望ましくない。ストック情報だけで十分か、それとも純利益というフローベースの情報も追加的に必要かという視点で、投資意思決定有用性を考えるべきである。

ストックに時価評価が大幅に導入されたなか、ＯＣＩという経過的バランス項目を設けることで、包括利益という純資産額変動の桎梏《しっこく》から解放された、利益流列の指標である純利益が存続可能となった。純利益概念は単に投資判断に有用な情報だから、改訂された概念フレームワークで復活を遂げたと理解するべきではない。資本コスト変動が主導する世界では、経済理論に支えられた利益流列概念に対応する純利益の会計理論および実証研究が決定的に重要なのだ。

変動する資本コストと会計実証研究(17)

ここまでの議論に関して、理屈はどうあれ重要なのは情報の価値関連性であり、純利益と包括利益のどちらが利益情報として望ましいかは実証の問題であって、何が正しい利益概念かという問題ではないという批判が予想される。しかし、実証分析の作法に従って株価との相関の程度を価値関連性とみなせば、純利益か包括利益のどちらが情報として有用か、答えは実証する前からわかっている。繰り返しになるけれども、情報の価値とは、その情報がもたらす追加的価値なので、資本あるいは純資産が開示されている以上、その期中変動額にすぎない包括利益には情報価値はない[18]。

一方、純利益はバランスシートから導出できないので、そこに含まれない情報を有する可能性があり、最悪でも引き分けである。現実に資本情報が開示されている以上、研究者が勝手に自分で情報集合を限定し、包括利益のほうが純利益に比べ情報価値があるという結論を得たとしても、それはモデルが間違っていることを確認しただけである[19]。

もし、純利益を財務諸表から追放することが望ましい状況があるとしたら、次のような場合しか考えられない。それは、純利益のような誤った情報を開示すると投資家が混乱し、投資判断に負の影響を与える、つまり純利益の情報価値がマイナスとなる場合である。こうした仮説を実際のデータで検証することの困難さ以前に、ずいぶんと投資家をバカにした仮説である。役に立たない情報であれば無視すればすむ話であり、その程度の判断もできないという傲慢な想定なのだから。

いずれにせよ、市場全体では純利益や配当などフローの変動ではなく、もっぱら資本コストの変動が資産価格を左右しているという事実は、会計実証研究者に対して、従来のフローデータの情報価値を中心とする研究スタイルから転換することを迫っている。今日会計研究者も積極的に参加することが期待されるのは、変動する資本コストを解明する試みである[20]。

純損益という名の純利益が「企業の報告期間の財務業績に関する情報の主要な源泉」と明記された現行のＩＡＳＢの概念フレームワークが、少なくとも経済理論の観点からは、従前に比べ大幅な改善をみたことは間違いない。とはいえ、ＩＡＳＢはこの２０１８年改訂版公表で、10年以上遅れて、やっと２００６年にＡＳＢＪ（企業会計基準委員会）が公表した日本の概念フレームワークに追いついただけともいえる。ただし、「リスクからの解放」概念に裏づけられた日本の概念フレームワークと異なり、なぜ純利益が重要なのか、理論的考察はないに等しく、みんなが重要だというからそうしておいたようにもみえる。

それにしても、当時、硬直的資産負債アプローチに固執していたＩＡＳＢの応援団として、日本の会計基準の「遅れ」を批判していた学界・実業界のグローバル・スタンダード推進論者は、国際会計基準の転向をどうみているのだろう。ぜひご意見を伺いたいものである。

第5章　無益で不確かな割引現在価値情報

財務報告の目的からの逸脱

第4章に続き、資本コストが変動するという市場の事実が会計測定および開示にもたらすインプリケーションを検討する。

ところで、財務報告の目的とは何だろうか。わが国の概念フレームワークでは、「財務報告の目的は、企業価値評価の基礎となる情報、つまり投資家が将来キャッシュフローを予測するのに役立つ企業成果等を開示すること[1]」とされている。また、IASBの概念フレームワークでも「財務諸表の目的は…財務諸表利用者が報告企業への将来の正味キャッシュ・インフローの見通しの評価及び企業の経済的資源に係る経営者の受託責任の評価を行う際に有用な情報を提供することである[2]」とされている。わが国の会計基準と国際会計基準の相違が強調されることが多いけれども、両者とも、投資家が将来キャッシュフローを予測するのに役立つ情報を提供することを財務報告の目的としている点では共通している。

こうした両会計基準の基本原則は、ストックの価値が先にあって、それが将来フローを決めるのではなく、（期待）将来フローが先にあって、それが現在のストック価値を決めるという、経済学の基本的発想とも整合的である。将来フローを割り引いて、ストック価値すなわち企業価値を見積るのは、本来、企業ではなく投資家の仕事であろう。

ところが、昨今、企業に資本コストを推計したうえで、ストック価値を自ら算出するよう求める会計基準が次々と導入されている。また、東京証券取引所は、２０２１年３月に改訂案が公表された「コーポレートガバナンス・コード」で、「経営戦略や経営計画の策定・公表に当たっては、自社の資本コストを的確に把握した上で、収益計画や資本政策の基本的な方針を示す(3)」ことを求めるとともに、「個別の政策保有株式について…保有に伴う便益やリスクが資本コストに見合っているか等を具体的に精査し…検証の内容について開示すべき(4)」としている。

資本コストが企業の属性ではなく、それぞれの投資プロジェクトごとに決まることはひとまず置いておく。しかし、社内の議論で内々に行うのならばともかく、推計した資本コストを正式に開示したり、それをもとにストック価値を推計し財務諸表本体に反映させたりすることは、本当に企業が行うべきことであろうか。

割り引くことは企業経営者の仕事？

本書に何度も登場願う資産価格理論・実証研究の泰斗コクラン教授は、「割引率変動が今日の資産価格研究を体系づける中心的課題である(5)」としたうえで、会計実務や「コーポレートガバナンス・コード」が依拠しているようにみえる、リターンの予測不能性を仮定した本質的に一期間モデルであるCAPMに一種の死刑宣告を行っているのだ[6]。

投資計画（capital budgeting）に関する授業の最初のスライドはこんな感じで、

投資価値＝期待キャッシュフロー÷（無リスク利子率＋ベータ×市場リスクプレミアム）

市場リスクプレミアムは6％と置かれる。これは全部、我々は今知っているように、完全に間違っている（completely wrong）。市場リスクプレミアムはいつも6％ではないし、時期によって、その平均値と同じくらいの大きさで変動する（しかも、市場リスクプレミアムに関する不確実性もまた数％）。期待リターンはCAPMベータに応じて並びはせず、我々が理解する限りにおいて複数のファクターのベータに連動している。そして、期待リターンは時が経つにつれ変動するので、キャッシュフローが生じる時点が異なれば、割引率も違ってくる。

ここで注意していただきたいのは、割引率すなわち資本コストの変動が、個別企業（投資）の属性であるベータではなく、マクロの景気動向に影響される市場リスクプレミアムの変動によってもたらされる点である。わが国の概念フレームワークで指摘されているように、「企業の経営者は…企業固有の要因を把握することについては優位な立場にあるとしても、景気、金利、為替など経済全体に関わる要因については、経営者が優位な立場にあるとは限らないため、全体として経営者が企業価値の推定について投資家より高い能力を持つとはいえない[7]」。

そもそも、ゴーイングコンサーンたる企業に期待されているのは、恒常的にキャッシュフローを生み続けることであり、企業経営者にとっても投資家にとっても、一義的に重要なのは、ストックが生み出すフロー流列である。[8] ストックの時価というのはこの流列（ベクトル）を1つの数値（スカラー）にまとめた簡便な指標ではあるけれども、キャッシュフローではなく主に資本コストの変動が資産価格を動かす現実の世界では、ストックの時価情報は、（それさえ知れば後は不要という意味で）十分統計量とはならない。

無益で不確かなストック時価情報

要するに、キャッシュフロー流列の情報と異なり、保有する資産の時価は、企業ひいては投資家の意思決定にとって、有用な情報とは限らない。繰り返しになるけれども、企業はゴーイングコンサーンであり、投資には多期間にわたる成果の実現すなわちキャッシュフローが期待されている。小難しくいえば、投資主体は、多期間（有限でも無限でもよい）の期待効用（現在価値）を最大化する個人あるいは法人の投資家である。投資には成果が不確実であるという意味でリスクが付き物であり、一般論として、高い期待リターンを得るには、それに応じて高いリスクを背負わなければならない。それでは、資本コストが変動する世界すなわち現実の世界で、投資家から多期間にわたる成果を期待されている企業にとって無リスク資産とは何か。

それは投資が成果を生む全期間を通じて、各期の成果が投資時点で確定している資産である。もし、ある特定の時点で決まったキャッシュが必要な場合は、当該金額を額面とし、その時点で満期となるゼロクーポン債を購入すればよい。[9] 実は、各期の成果が確定している投資とは、それぞれの時点で満期となるゼロクーポン債のポートフォリオとみなすことができる。個人の場合は、無リスク資産ではなく無リスク負債が身近に存在する。固定金利住宅ローンである。固定金利を選択すると、完済までの各期の（アウト）キャッシュフローが一定額に確定する。

理論的に扱いやすい無限期間を想定すると、コクランが指摘しているように、「長期投資家にとっての無リスク支払流列（payoff）は、毎期例外なく実質価値一定のクーポンを支払う、物価連動永久債（indexed perpetuity）である」[(10)]。本来、投資の成果は、一般物価水準変動を考慮した実質価値で考えるべきなので、「一定」のフローとは実質価値が一定であることを意味する。ただし、ここでは話が複雑になりすぎないよう、物価水準変動がもたらす問題は無視、つまり名目一定＝実質一定として議論を進める。

要するに、無リスク資産とは、毎期一定額のキャッシュフローを確実にもたらす資産である。ところが、期間無限でイールドカーブがフラットな場合[(11)]、この資産取得後の各時点での時価は、

資産価格＝一定キャッシュフロー÷資本コスト

と表せるので、資本コスト（利子率）が変動すると、価格はそれに応じて変動する。つまり、無リスク資産の時価は一定とはならない。

逆に、資産の時価が一定となる変動利付債は、キャッシュフロー（利払い）が毎期首リセットされる資本コスト（利子率）に連動するので、

一定資産価格×資本コスト＝変動キャッシュフロー

すなわち、

一定資産価格＝変動キャッシュフロー÷資本コスト

となって、資本コストが変動すると、資産価格は一定であるものの、キャッシュフローが変動する。ゴーイングコンサーンたる企業を含む、多期間でのフロー成果（流列）を視野に入れた投資主体にとって、価格一定の資産は無リスク資産とはいえない。資本コストが変動する現実の世界では、通常、価格が変動せず無リスクと考えられている変動利付債は、投資主体にとって、キャッシュフローという成果が変動するリスクを抱えるという意味でリスク資産なのである。一方、投資期間中のキャッシュフローが確定している資産は、その間、資本コスト変動に応じて資産価格が変動しても、無リスク資産である。価格が一定の資産がリスク資産で、価格が変動する資産が無リスク資産であるという主張には違和感を持たれるかもしれない。しかし、実務家が日常的に行っているキャッシュフローのヘッジは、ここでの考え方に沿ったリスク軽減手法とみなすことができる。

変動金利債権・債務に金利スワップを付してヘッジすると、価格一定のポジションにわざわざ価格変動を導入することになるけれども、フローは一定となる。実務家の大半は、こうしたポジションの変更でリスクが低減すると理解しているのではなかろうか(12)。つまり、価格一定ではなく、フロー一定のポジションが無リスクであることを、いわば直感的に理解しているのである。時価変動を無視する満期保有目的債券の会計処理も、同様の観点から、時価処理の例外というより、動学的最適化に沿った無リスク資産の処理として正当化できる(13)。

フロー一定のポジションの場合も、満期保有目的債券の場合も、時価変動の損益認識は、財務報告利用者を混乱させる無益で不確かな情報というしかない。

変化するのはキャッシュフローではなく資本コスト

フローと資本コストが直接には連動せず、両者とも変化する、企業価値を含む一般のストック価値あるいは資産価格の場合も、同様の議論が可能である。資産価格、将来に期待されるキャッシュフロー、資本コストの関係を**図表5・1**のように図式化できることは、何度も指摘してきた。(14)

したがって、資産価格の変動は、キャッシュフロー、資本コストあるいは両方の変動によってもたらされる。資産価格が低下したからといって、将来キャッシュフローの期待値が低下したとは限らない。将来フローの見通しが変わらなくとも、資本コストが上昇すれば、資産価格は低下するし、資本コストが下がれば、資産価格は上昇する。

「コーポレートガバナンス・コード」が念頭に置く「会社の持続的な成長と中長期的な企業価値の向上」(15)を期待して株式を保有する投資家にとって、資本コスト変動による資産価格変動は二義的な問題であり、重要なのは、将来キャッシュフローの改善であろう。

いったい、時系列の資産価格変動はキャッシュフローか資本コストか、どちらによってもたらされるのか。株価と株主にとっての本源的フローである配当の比率である株価配当倍率（＝株価÷配当）を例にみてみよう。株価配当倍率

図表5・1　資産価格・期待キャッシュフロー・資本コストの関係

$$資産価格＝\frac{期待キャッシュフロー}{資本コスト}$$

が上昇したとすれば、それは将来配当（フロー）の期待値が上昇したか、期待リターン（資本コスト）が低下したかである。

実証結果は驚くべきものであった。コクランが指摘[16]しているように、米国の市場全体の時系列データでみてみると、「現時点の配当に比べて高い株価は専ら（entirely）低リターンを予測する」。今日の会計基準や「コーポレートガバナンス・コード」が依拠していると思われる、高株価は平均的に将来の高配当を反映している（はず）という入門教科書レベルのファイナンス理論は完全に否定されたわけである。

しかも、株価を配当ではなく、純利益で割った株価収益率（ＰＥＲ）でも、純資産簿価で割った株価純資産倍率（ＰＢＲ）でも、同じように高い値が低リターンを予測するという結果が得られる。この事実は、基本的に歴史的原価に基づく会計数値が、資本コスト推計に有用な情報であることを示唆している。つまり、企業経営者は純利益に集約されるフロー情報を開示することで、投資家がなすべき企業価値推計に必要なインプットを、基本的にすべて提供しているのだ。会計簿価と時価に乖離があってこそ、情報価値があるともいえるので、簿価を時価に合わせることは、情報価値を高めるのではなく、低めることになりかねない。

米国ファイナンス学会元会長で投資ファンド[17]のパートナーでもあるジョン・キャンベル教授（ハーバード大）らは、個別ポートフォリオのレベルでの将来キャッシュフロー（配当）情報として、ポートフォリオごとのＲＯＥの時系列加重平均を用いた実証分析[18]を行い、会計数値の情報価値を確認している。キャンベルらが指摘するように、資産価格研究には、なぜ「会計数値が企業レベルの収益性のシステマチックな動き（comovements in profitability）を予測する能力[19]」があるのかを解明すること

（注：188頁参照）

が求められている。ただし、これは実務家というより会計研究者が取り組むべき課題であろう。

信じるものは救われる？

２０１３年にノーベル経済学賞を受賞したファーマは、すでに20年以上前に、投資プロジェクトを割引現在価値で評価することについて、こう述べている。[20]

投資プロジェクト評価のすべての側面に内在する巨大な不確実性を考慮しても、割引法（discounting rule）は、たとえば回収期間法のようなもっと単純な手法より測定誤差の小さい値を生み出すだろうか？割引法を提唱することで、暗黙のうちにコーポレートファイナンスの教科書は、この問いにイエスと答えている。しかし、この結論は、証拠というより、信仰（faith）に基づくものである。

いまだ事態は改善したようには思えない。情報開示の対象としては測定誤差の大きい資本コストの推計やその利用に深入りせず、将来キャッシュフローを予測するうえで、その情報価値が確認されている伝統的な利益数値を、なるべく正確に測定し開示することこそ、筆者には企業経営者が第一になすべき仕事に思える。

それとも、ＡＳＢＪや東京証券取引所（とその背後にいる金融庁）には、最先端のファイナンス研究の先を行く、時間とともに変動する資本コストを正確に推計する秘策があるのだろうか。

第3部
「企業の資本コスト」を用いた投資判断は危険がいっぱい

第6章　報われないリスク

Whereof one cannot speak, thereof one must be silent.

Ludwig Wittgenstein

第7章　企業の資本コストというまぼろし

You better cut the pizza in four pieces because I'm not hungry enough to eat six.

Yogi Berra

第8章　地獄への道はハイリターン投資で敷き詰められている

Sometimes experts can be spectacularly bad at thinking about risk; but at other times even laymen seem to be able to find unexpectedly good risk solutions.

Riccardo Rebonato

第9章　それでも（自称）プロにおカネを託しますか？

Everyone knows that averageness is, for most of us, our fate.

Atul Gawande

第6章　報われないリスク

資本コストとリスク

投資するにあたって、我々に与えられた選択肢は、ハイリスク・ハイリターンかローリスク・ローリターン―リスクもリターンも、ものすごいハイからゼロに近いローまでその程度はいろいろあるが―であって、ローリスク・ハイリターンという、都合のよい組み合わせはない。それがあるという人が絶えないけれども、偶然の結果の後講釈か詐欺と思って間違いない。要するに、投資に期待されるリターン、割引率あるいは資本コストは投資のリスクに応じて上下する。

こうした基本的考え方は、会計基準にも当然ながら反映されている。たとえば、「固定資産の減損に係る会計基準の適用指針」をみると、「使用価値の算定に際して用いられる割引率」と題した箇所に、

資産又は資産グループに係る将来キャッシュフローがその見積値から乖離するリスクについて、将来キャッシュフローの見積りに反映されていない場合、使用価値の算定に際して用いられる割引率は、貨幣の時間価値と将来キャッシュフローがその見積値から乖離するリスクの両方を反映したもの

と書いてある。(1)

ここで「将来キャッシュフローの見積りに反映されていない場合」と明記してあるのは、会計基準が「見積りに反映させた場合」も想定しているからである。(2) この場合は、不確実なキャッシュフローの期待値を、実際の確率分布ではなく、フローの変動リスクを勘案したリスク中立確率（測度）で計算する必要がある。(3)

なんですかそれ、と思ったアナタ。ちんぷんかんぷんでも大丈夫。会計実務ではほとんど用いられていないこともあり、ここではこの計算手法を無視し、キャッシュフローのリスクを割引率すなわち資本コストに反映させる場合のみ考える。要するに、現時点での投資の資産価値を推計するのに、将来の不確実なキャッシュフローの期待値を実際の確率分布を用いて計算し、そのリスク（と時間価値）を反映した資本コストで割り引いて計算するわけである。

資本コストの時間価値分とリスク対応分を区別して書けば、

資本コスト＝無リスク利子率＋リスクプレミアム

となる。実際の計算にあたって、無リスク利子率については、国債金利を用いることが多く、その妥当性は広く受け入れられている。しかし、リスクプレミアムをどうやって推計するかについては、コンセンサスとは程遠い状況にあり、資産評価（asset pricing）モデルをめぐり先端の研究者の間で侃《かん》侃諤諤《かんがくがく》の議論が続いている。

とはいえ、資産の資本コストの構成要素たるリスクプレミアムに反映されるのは、市場全体の動き(4)と連動したキャッシュフロー変動（の可能性）であって、市場全体の動きとは無関係な個別資産独自のフロー変動はリスクプレミアムに影響しないので、資本コストに反映されないという点に関しては、モデル構築の際の前提となっているといってよい。したがって、会計基準の「将来キャッシュフローがその見積値から乖離するリスク」という表現は、ファイナンス理論の立場からみれば、やや不正確な表現である。なぜなら、素直に読めば、「見積値から乖離するリスク」には、市場全体の動きとは無関係ゆえリスクプレミアムには反映されないリスクも含まれるとみるしかないからである。

実は、会計基準のみならず、世間でリスクと考えられているフロー変動の多くが、資本コストに反映される（べき）リスクプレミアムとは無縁なのだ。蛇足ながら、「見積値から乖離するリスク」というのは、悪いほうに外れる（実現値が見積値よりも低い）場合のみならず、良いほうに外れる（実現値が見積値よりも高い）場合も入っていることをお忘れなく。

除去できるリスク

リスクプレミアムに反映されないリスクには、当然ながらリターンはない。リターンという見返りがないのに誰が好き好んでリスクをとるのか。もっともな疑問である。

まず、次のような投資の資本コストと資産価格がそれぞれいくらになるのか、ファイナンス理論に基づいて計算してみよう。想定するのは、1年後に歪みのないコインを投げてオモテが出たら2円支払われ、ウラが出たら返金ゼロという、一見、極めてリスキーな投資である。無リスク利子率はゼロと仮定する。

オモテとウラが出る確率は半々なので、キャッシュフローの期待値（平均値）は1円。コイン投げに市場動向は関係ないので、リスクプレミアムはゼロ。無リスク利子率もゼロと仮定しているので、この投資の資本コストはゼロ。したがって、ファイナンス理論に従えば、この投資の現時点の資産価格（価値）は、

資産価格＝期待キャッシュフロー÷（1＋資本コスト）＝1円÷（1＋0）＝1円

つまり、約束したフロー1円が1年後確実に支払われる無リスク資産の価格と同じになるはずである。期待値（確実なフロー1円の期待値は1円）が同じとはいえ、このようなリスキーな資産の価値が、支払確実な無リスク資産と同じというのはおかしい。やはり「見積値から乖離するリスク」をきちんと資本コストに反映させるべきではないのか、と思われたかもしれない。

しかし、この資産と無リスク資産の価値が同じ1円だと本当におかしいのだろうか。

このコイン投げ資産と同じ商品設計に基づく複数の別の資産に投資する場合を考えてみよう。同じ商品設計なので価格は同一、ただし、別の資産なのでコイン投げはそれぞれ独自にお互い無関係に行われる。たとえば、10個購入すると、1年後の受取額は、10回のコイン投げでオモテが出た資産の個数（0～10）に応じて、0～20円となる。ただし、平均ぴったりの5個でないにしても、10個全部オモテとなったり、逆にウラとなったりする場合は稀であろう。そして、購入する個数を増やすほど、半分前後はオモテ（ウラ）となる確率が高くなっていく。したがって、資本コストゼロゆえ投資額イコール期待キャッシュフロー（＝1円×個数）であることから、実際の受取額（＝2円×オモテの個数）が投資額とほとんど変わらない可能性が高まる。

これを定量化したのが**図表6・1**である。

図表6・1　投資個数・確率別の受取額上下限値

（単位：円）

	投資個数	10個	100個	1万個	100万個	1億個
生じる確率	75%	6～12	88～110	9,884～10,116	998,850～1,001,150	99,988,496～100,011,504
	90%	4～14	84～116	9,836～10,164	998,356～1,001,644	99,983,552～100,016,448
	99%	2～16	76～124	9,742～10,258	997,424～1,002,576	99,974,242～100,025,758
	99.9%	0～20	68～132	9,670～10,330	996,710～1,003,290	99,967,094～100,032,906
	99.9999%	0～20	52～148	9,510～10,490	995,108～1,004,892	99,951,084～100,048,916

投資個数が10個、100個、1万個、100万個、1億個の場合、生じる確率別で実際の受取額がどの程度ばらつくかが示してある[5]。

たとえば、100個投資した場合、確率75％で88～110円の範囲に収まる。90％の確からしさ（確率）を求めると、範囲は84～116円となる。10回に1回はこの範囲から外れるということなので、実現値が期待値100円という「見積値から乖離するリスク」はかなり大きいといえる。

ところが、100万個投資すると、確率99％で997、424～1、002、576円、リターンで表せば±0・26％の範囲に収まる。投資個数を1億個まで増やせば、99・9999％の確率で、99、951、084～100、048、916円、±0・05％の範囲に収まる。実現値が期待値1億円という「見積値から乖離するリスク」がほとんどない、無リスク投資に極めて近い投資である。したがって、その（1個当たり）資産価格は無リスク資産と同じ1円に限りなく近くなければならない。

個別でみれば「見積値から乖離するリスク」が大きいのに，数多く保有することでリターンの変動を除去できたのは，個々の資産のリスクつまりコイン投げの結果が互いに無関係であることに決定的に依存している。もし，それぞれの資産のコイン投げが完全に相関[6]していれば，1億個購入しても，すべてオモテかすべてウラかどちらかしか起こらない。したがって，受取額は2億円かゼロかのどちらかで，リスクは1個しか投資しないときと同じで全く除去できない。

結局のところ，リスクは数多く所有すなわち分散投資することで除去できるリスクと，それでは除去できないリスクに大別できる。ここでは，同種の（コイン投げ）資産を保有する場合を例に取り上げたけれども，種類の違う資産でもかまわない。重要なのは，それぞれの資産の変動リスクが相関しているか否かである。

市場全体すなわち他の資産の動きとは無関係なキャッシュフローの「見積値から乖離するリスク」は資本コストに反映されないとするファイナンス理論は，リスクが除去できるのにしないのは投資家の責任であって，市場は怠惰な投資家に報酬（リターン）を与えないという，至極まっとうな主張をしているともいえる。

分散投資前提の資本コスト

とはいえ，企業が投資を行うにあたって，それほど多数の案件があるわけではなく，理屈のうえでは分散投資によって除去できるといっても，実際には市場全体の動きとは連動しないリスクも，ある程度、企業が負担せざるを得ない。したがって、資本コストにも反映させるべきではないのか。
もっともな疑問である。しかし、会計基準も依拠するようにみえるファイナンス理論の基本は、十分に分散されたポートフォリオを保有する投資家の視点から組み立てられており、企業レベルでどの程度分散投資が行われているのかは、資本コストに影響しない。投資家レベルで十分に分散されているというのは、保有するポートフォリオに占める個別資産のウェイトが極めて小さくなっていることを意味する。したがって、企業が全く分散投資を行っていなくても、当該企業の株式を保有する投資家は、多数の他の資産（株式）を保有することで、市場全体とは連動しない当該企業の投資リスクを除去できる。

実は、分散投資で除去できるリスクが資本コストに反映されると、（ほぼ）必ず儲かる投資が存在することになる。たとえば、上述のコイン投げ資産の例で、1年後の期待キャッシュフローは1円ながら、ゼロになる可能性が50％もあるので、そのリスクを勘案し、リスクプレミアムがゼロではなく、25％だとしてみよう。その場合、資産価格*は、

資産価格*＝期待キャッシュフロー÷（1＋資本コスト*）＝1円÷（1＋0・25）＝0・8円

となる。

分散投資を行う投資家にとって、これは絶好のチャンス。数値例で示したように、同種資産を大量に保有すれば、1個当たりの実現フローは限りなく期待フローである1円に近づくので、事実上[7]リスクなしで、1個当たり0・2円儲かる。同種の資産でなくても、市場全体と連動しないリスクを反映した価格で取引されている資産を集めれば、同じことが可能である。

ほとんどの個人投資家には、そんなに多数の資産を買う資力がないから、分散投資は机上の空論かといえば、さにあらず。今日では、十分に分散投資されたファンドが小分けにして販売されている。株価指数連動型のインデックスファンドであれば手数料もわずかである。

世間の荒波にもまれてきた大人のほとんどが同意するであろう、必ず儲かるチャンスは存在しないということを意味する無裁定条件を前提とすると、資本コストに分散投資で除去できるリスクが含まれてはならないという結論にならざるを得ない。

それでも、企業の投資判断に、企業レベルでは除去できなくても投資家レベルでは除去できるリスクを資本コストに含めてはならないというのは、どうしても納得できない向きもあろう。第7章では、この違和感とともに、「企業の資本コスト」という発想自体について考えてみたい。

第6章　報われないリスク（注：187頁参照）

第7章　企業の資本コストというまぼろし

1+1=2

一般均衡理論を根幹とするミクロ経済学の枠組みでは、意思決定主体は個人に限られ、企業はインプットをアウトプットに変換する機械のような存在である。ミクロ経済学の一分野といってよいファイナンス理論でも、あくまで意思決定を行うのは個人（投資家）であり、それぞれの企業は個人の投資ポートフォリオの一部分、極論すれば、投資案件の束にすぎない。

ファイナンス理論では、個人は投資の期待リターンを大きくしたいとともに、リスクを小さくしたいと考えていると仮定されている。したがって、資本コストを計算する場合、個人は分散投資することが前提となる。なぜなら、個人は自ら設定した事前の期待リターンを実現するにあたり、分散投資を行うことでリターンの変動すなわちリスクを小さくできるからである。ただし、期待リターンすなわち資本コストが高くなるほど、分散投資で実現可能な最小のリスクも大きくなる。すなわち期待リターンとリスクの比（期待リターン÷リスク）には上限が存在する。期待リターンを大きくするにはリスクも大きくしなければならないのだ。

とはいえ、個人にとって望ましい行動が、企業にとってもそうであるとは限らない。そもそも、企業が分散投資を行うことによって資本コストに反映されるべきリスクが減少するとしたら、実務のうえでも困ったことになる。

2つの資産（投資案件）AとBがある場合で考えてみる。資産AとBをそれぞれ単独で保有した場合の現在価値をV（A）、V（B）、一緒に保有した場合の現在価値をV（A＋B）としよう。分散投資でリスクが減少すると、それぞれの期待キャッシュフローがそのままであっても、資本コストが低下するので、一緒に保有した場合の現在価値が別々に保有した場合の現在価値合計を上回り、

V（A）＋V（B）＜V（A＋B）

となる。分散投資でリスクが低下したら、資産価値の足し算ができなくなってしまうのだ。

今日では、実務においても、期待キャッシュフローを資本コストで割り引く現在価値計算が広く用いられている。その際、新規投資の判断にあたって、分散投資効果を考慮し、当該新規案件のみならず、既存の全投資案件の現在価値を再計算するようなことは行われていないし、その必要もない。

企業が分散投資を行うと、確かに企業段階での資産価値合計の変動は小さくなる。しかし、これは資本コストに反映されるリスク（変動）が小さくなったからではない。第6章で示したように、資本コストに反映されるリスクは市場全体の動向と連動する部分だけで、市場全体とは無関係な資産固有のキャッシュフロー変動は含まれない。企業の分散投資によって減少するのは後者の資産固有の変動だけである。

すでに述べたとおり、個人が十分に分散された投資ポートフォリオ、つまり個別資産固有のリスク

が除去されたポートフォリオを保有することを前提に、資本コストは計算される。したがって、企業段階で固有リスクが除去されていようがいまいが、資本コストひいては資産価値に影響しない。企業の分散投資自体にはプラスの効果もマイナスの効果もないのだ。

それゆえ、個人であれ企業であれ、資産価値は足し算が可能であり、小難しくいうと、資産価値の加法性（additivity）が満たされている。さきほどの2つの資産の例でいえば、

V（A）＋V（B）＝V（A＋B）

が成り立っているということである。(1)

個人では分散できないリスク

もちろん、1つの企業が異なる投資案件を同時に行うことで、事業運営が効率化される可能性はある。分散投資による資本コストの低下ではなく、別々の企業がそれぞれ個別に投資を行ったときの期待キャッシュフロー合計値よりも、1つの企業が一緒に行ったときのキャッシュフロー合計値が大きくなる場合である。

確かに、同じようなタイプの投資を行う場合には、数をこなすことで効率化する可能性は高い。分散投資というより、規模の経済の追求である。ただし、それにも限度があり、いずれ効率性が低下する規模に達する。現実には、厳しい競争環境下にある企業が事業を展開するにあたり、最適な規模から大きく離れた点にとどまっているとは考えにくい。もしそうであれば、M&Aの格好のターゲット

だろう。１つの企業が異なるタイプの事業（投資）を行う、つまり多角化による相乗効果によって、期待キャッシュフローが上昇し、資産価値が向上するシナジーの可能性もある。しかし、シナジーが生じた場合、その果実は経営者のすぐれた技量によってもたらされたものなので、投資家（株主）ではなく経営者に帰属すべきものであり、株主に帰属するキャッシュフローの現在価値である資産価値には反映されないはず。シナジーの成果は費用（経営者報酬）として処理されるということである。

逆に、毛色の違う事業を運営することで、かえって非効率になる危険性も大きい。かつて流行ったコングロマリットは、その非効率ゆえ解体された。今日では、多角化に懐疑的な見解が研究者の間では有力で、日本企業を用いた実証研究[2]でも、多角化は企業価値にマイナス（diversification discount）という結果が出ている。というわけで、多角化は企業レベルでのキャッシュフロー（合計値）変動を抑えるけれども、投資家に帰属する期待キャッシュフロー向上は望み薄である。

それでも、多角化という企業による分散投資には、経済全体で考えればメリットがありうる。ほとんどの人間にとって、所得の大部分を占めるのは分散投資可能な資産ポートフォリオからのリターンではなく、労働に対する対価すなわち自らの人的資産（human capital）へのリターンである。それも、特定の企業に所属して、そこから報酬（賃金）というかたちで得るのが通例であり、企業業績に大きく左右される。業績が悪くなったからといって、好条件で転職することは容易ではないし、同時に多数の企業に勤めることもできない。要するに人的資産は、分散投資することが不可能とはいえないにしても簡単ではなく、できたとしても限度がある。

なお、通常「人的資本」と訳されるところ、あえて「人的資産」としたのは、会計人らしく（？）、借方と貸方を明確にしたかったからである。労働報酬というリターンを生むのは、無形資産である人的資産（借方）であり、この資産に対する請求権が人的資本（貸方）ということになる。

さて、企業が多角化すれば、企業全体としての業績変動が小さくなる可能性が高まるので、労働者からみて、自分ではできない人的資産リスク分散のメリットを享受することができる。もちろん、このメリットを労働者に還元せず、リスクが低下した分、報酬水準を下げることもできるし、同じ報酬でより生産性の高い労働者を雇うこともできる。

したがって、異なる事業を1つの企業で行っても効率性が低下しなければ、多角化という企業段階での分散投資は、経済全体でみればプラスの効果が生じる[3]。多角化による期待キャッシュフローへの直接的効果がマイナスでも、その程度が小さければ、差し引きの効果はプラスになりうる。

ただし、ここでの人的資産のリスク低減を理由とする企業の分散投資メリット論は、従業員持株制度否定論の側面を持つ。労働者が勤務する企業の株式を保有すると、報酬も株価も企業業績に連動するゆえ、業績が悪化すれば、報酬が下がるのみならず、労働者の人的資産以外の資産ポートフォリオ価値も低下する。実際、勤めていた企業が倒産し、持株が紙くずになった例は少なくない。従業員持株制度は、ただでさえ分散投資が困難な労働者の人的資産のリスクをさらに大きくする、危険な仕組みなのだ。

借方で決まる企業の資本コスト

東京証券取引所が「コーポレートガバナンス・コード」で、「自社の資本コストを的確に把握した上で、収益計画や資本政策の基本的な方針を示す[4]」よう求めていることからもわかるとおり、企業

（自社）の資本コストという考え方の重要性が高まっている。実は、以下に示すように、資本コストを理解するうえで、難しい数式はわからなくても複式簿記思考が血肉と化した会計人には大きなアドバンテージがある。

通常、資本コストをめぐる議論では、貸方が中心となっている。企業の資本コストといった場合、まず思い浮かべるのは、株主資本の資本コストや、これと負債コストを加重平均したWACC（weighted average cost of capital）である。

しかし、会計人らしくバランスシートで考えれば、借方の資産と貸方の（広義の）資本は、文字どおりバランスしている。キャッシュフローを生み出す源泉が借方であり、それに対する請求権を表したのが貸方なので、借方の視点から測っても、貸方の視点から測っても、キャッシュフローは同じであり、その現在価値である資産価値（借方）と資本価値（貸方）は同じ、したがって資本コスト（期待リターン）も同じはずである。資本コストと期待リターンを使い分けて、借方の期待リターンと貸方の資本コストは同じと表現することもできる。なお、ここでの議論の枠組みでは、経営者・労働者に帰属するキャッシュフローはすべて費用処理され、資産価値には反映されない(5)。

それでは、企業の資本コストについて、借方に焦点を当てて考えてみよう。

図表7・1のバランスシートをご覧いただきたい。この企業は3つの資産A、B、Cに投資している。どの資産も毎期の期待キャッシュフローが永久に一定で、資産Aが20、Bが15、Cが35、資本コストはそれぞれのリスクを反映して、資産Aが10％、Bが5％、Cが7％とする。この場合、資産価値は、資産Aが200（＝20÷0.1）、Bが300（＝15÷0.05）、Cが500（＝35÷0.07）となる。

前述した資産価値の加法性により、この企業の資産価値は個別資産価値の単純合計で1，000（＝200＋300＋500）、企業の資本コストは個別資産の資本コストの加重平均で、

10％×（200÷1，000）＋5％×（300÷1，000）＋7％×（500÷1，000）＝7％

となる。期待キャッシュフローが永久に一定と仮定[6]しているので、企業の資産価値はキャッシュフロー合計70（＝20＋15＋35）を加重平均資本コスト7％で割り引いた額1，000（＝70÷0.07）に一致する。

図表7・1　バランスシートと資本コスト

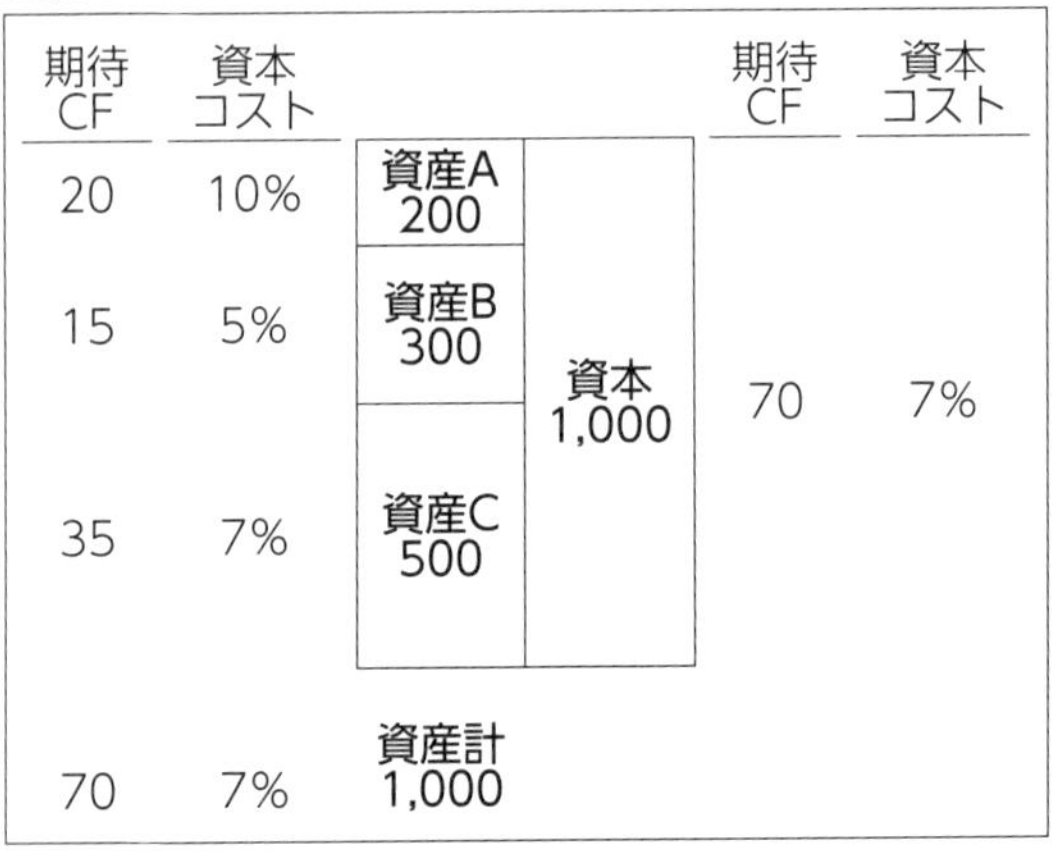

期待CF	資本コスト	資産	資本	期待CF	資本コスト
20	10%	資産A 200	資本 1,000	70	7%
15	5%	資産B 300			
35	7%	資産C 500			
70	7%	資産計 1,000			

資本コストというのは、個別の投資ごとにそのリスク、つまり期待キャッシュフローが市場全体の動向に連動する程度に応じて決まる。借方側からみた企業の（投資全体の）資本コストというのは、個別投資の資本コストがまずあって、その資産価値をウェイトとする加重平均として、結果的に出てくる数値である。

借方貸方がバランスしている以上、当然ながら、この借方から導出された数値が、貸方側からみた企業の資本コストでもある。もし、貸方が100％株主資本であれば、この数値が企業の（株主）資本コストとなるし、負債での調達も行っていれば、WACCとなる。貸方側から決まる企業の資本コストというベンチマークがまず

あって、それに基づき個別の投資案件の資本コストが決まるわけではない。

借方の投資状況で企業の資本コストが決まることを数値例で確認しよう。なお、世界的に広く用いられているファイナンス教科書[7]は、企業価値が借方から決まることを「価値保存法則」（law of conservation of value）と呼んでいる。

図表７・２は、資産Ｃを価値が同額の５００でローリスク・ローリターン、具体的には期待キャッシュフロー15かつ資本コスト３％の資産Ｃ*に入れ替えた場合のバランスシートである。資産Ｃ*の価値は５００（＝15÷０・０３）で資産Ｃと同じなので、企業の資産価値は１、０００（＝２００＋３００＋５００）で変わらない一方、企業の資本コストは**図表７・１**の場合に比べ２％低下し、

10％×（２００÷１、０００）＋５％×（３００÷１、０００）＋３％×（５００÷１、０００）
＝５％

となる。企業の資産価値は、キャッシュフロー合計50（＝20＋15＋15）を資本コスト５％で割り引いた額１、０００（＝50÷０・０５）に一致する。この借方から決まった企業の資本コストは、もちろん貸方の資本

図表７・２　バランスシートと資本コスト
（ローリスク・ローリターン資産と入替え）

期待CF	資本コスト	資産	資本	期待CF	資本コスト
20	10%	資産A 200	資本 1,000	50	5%
15	5%	資産B 300			
15	3%	資産C* 500			
50	5%	資産計 1,000			

コストでもある。

資産の入替えにより、**図表7・1**の場合に比べ企業全体として期待キャッシュフローが70から50に減ったものの、それはリスク低下を反映したものであり、その結果、資本コストが低下し、企業資産価値はそのまま、当然ながら資本価値もそのままである。資産入替え前の株主資本コスト（あるいはWACC）7%というハードルレートを基準に、資本コスト（期待リターン）3%の資産C*に入れ替えることは企業価値を低下させるという、ありがちな主張は誤りである。借方の資産構成が変わるごとに、貸方の資本コストは変動するので、資産入替え前のハードルレートを用いて、新規投資を判断することは正しくない。

図表7・3　バランスシートと資本コスト
（ハイリスク・ハイリターン資産と入替え）

期待CF	資本コスト	資産	資本	期待CF	資本コスト
20	10%	資産A 200	資本 1,000	90	9%
15	5%	資産B 300			
55	11%	資産C** 500			
90	9%	資産計 1,000			

期待キャッシュフローが減ったからといって企業価値が低下しないのであれば、期待キャッシュフローが増えても企業価値が向上しないと主張するのかといえば、まさしくそのとおりである。

図表7・3は、資産Cをローリスク・ローリターンの資産C*ではなく、価値が同額の500でハイリスク・ハイリターン、具体的には期待キャッシュフロー55かつ資本コスト11%の資産C**に入れ替えた場合のバランスシートである。資産C**の価値は500（=55÷

0・11）で資産CやC*と同じなので、企業の資産価値は1,000（=200+300+500）で変わらない一方、企業の資本コストは**図表7・1**の場合に比べ2％上昇し、

10％×（200÷1,000）+5％×（300÷1,000）+11％×（500÷1,000）=9％

となる。企業の資産価値はキャッシュフロー合計90（=20+15+55）を資本コスト9％で割り引いた額1,000（=90÷0・09）に一致する。この借方から決まった企業の資本コストが貸方の資本コストでもあるのはいうまでもない。

資産の入替えにより、**図表7・1**の場合に比べ企業全体として期待キャッシュフローが70から90に増えたものの、それはリスク上昇を反映したものであり、その結果、資本コストが上昇し、企業資産価値はそのまま、もちろん資本価値もそのままである。資産入替え前のハードルレート7％を基準にして、資本コスト（期待リターン）11％の資産C**に入れ替えることは企業価値を向上させるという主張も、やはり誤りである。

新たな投資を行うに際して、資産構成変更前のハードルレートを基準に用いることは、経営者の判断を誤らせることにつながるのみならず、経済全体にダメージを与えかねない。第8章では、ハードルレート利用の危険性を取り上げる。

第8章　地獄への道はハイリターン投資で敷き詰められている

全員を平均以上にはできない

資本コストをめぐる巷の議論は、ハウツーに傾きすぎ、その理論的把握が不十分であり、実務に深刻な判断の誤りをもたらしかねない。そこで本章では、企業の資本コストをハードルレートとして投資判断に用いる危険性、そして「割高の株主資本コスト、割安の負債コスト」という考え方の誤りを、なるべくわかりやすく説明したい。

第8章で確認したとおり、ファイナンス理論から導き出される資産評価の考え方は、足し算を基礎とする会計測定と相性がよい。資産ポートフォリオの価値は個別投資の価値を単純に足したものであり、1足す1は常に2となる。企業は投資の束と考えることができるので、個別の投資価値をそのまま合計すれば企業価値となる。

それぞれの投資の資産価値は、将来キャッシュフローの期待値を、その変動が市場全体と連動するリスクに応じて決まる資本コストで割り引いた現在価値に等しい。したがって、資産合計すなわち企業全体でみた資本コストは、個別投資の資本コストをその資産価値で加重平均した値となる。

資本コストという概念を理解するうえで決定的に重要なことの1つは、個別投資の資本コストがまずあって、企業の資本コストはその加重平均として結果的に出てくる数値だという点である。

確かに、企業の資本コストを推計するにあたっては、借方の個別資産ごとに推計した数値を積み上げるのではなく、貸方（資金調達側）の情報から推計するのが通例である。そのため、貸方から決まる企業の資本コストがまずあって、それが投資のハードルレートとなると考えがちである。しかし、概念的には、まず借方の資本コストがあって、貸方の資本コストはそれを反映して決まるのだ。

もちろん、借方と貸方がバランスしている以上、貸方（負債資本計）の資本コストは借方（資産計）の資本コストに一致するので、企業の資本コストは貸方から求めることもできる。しかも、資本市場での実際の取引に基づく貸方の情報を用いたほうが、多くの場合、より客観的かつ誤差の少ない数値が得られるであろう。とはいえ、概念上の前後関係と推計上の利便性は別の問題である。

当然のことながら、資産が入れ替えられると、資産価値が変わらなくても、企業の資本コストは変化する。たとえば、資産価値は同じでも、今までよりもリスクの低い投資に乗り換えると、企業の資本コストは低下する。しかし、企業の資本コストすなわち期待リターンの低下は、それ自体、経営者が責められるべき性質のものではない。リスク低下により期待リターンが低下するのは、当然の事態であり、むしろそうならないほうがおかしい。新規に投資したローリスク資産の期待リターンが、資産入替え前の企業の資本コストを下回っても、企業価値を毀損したことにならないし、そもそも企業の資本コストは加重平均なので、すべての個別資産の資本コストが同じでない限り、必ず、その期待リターンが企業の資本コストを下回る個別資産が存在する。クラスで学生に成績を付けたとき、全員が平均を上回ることが論理的にあり得ないのと同じことである。

本当は怖い期待値最大化

本質的には、かつて無責任かつ不透明な行政の象徴とされた行政指導であるにもかかわらず、一部では金科玉条のごとく取り扱われている「コーポレートガバナンス・コード」で明記されたこともあり、企業（自社）の資本コストを投資判断の基準として用いることが実務の常識となりつつある。

まず思い浮かぶのは、株主資本の時価（株価）など貸方のデータから何らかの方法で推計された企業の資本コストと、新規投資案件のＩＲＲ（内部収益率）を比較し、投資の可否を判断するような方法である。ＩＲＲとは、投資がもたらす将来キャッシュフローの割引現在価値を投資額に一致させる期待リターンである[1]。言葉で説明するより、簡単な数値例で示したほうが、よく理解できるであろう。

１年後に成果が実現する投資プロジェクトを考える。当初投資額を１００、１年後の期待キャッシュフローを１１０とすれば、

１００＝１１０÷（１＋期待リターン）

を満たす期待リターンがＩＲＲであり、この場合10％となる[2]。もし推計された企業の資本コストが8％であれば、この投資は実行ということになるし、資本コストが12％であれば、投資は行われないことになる。この企業の資本コストをハードルレートとする投資判断基準によれば、ＩＲＲが高いほど望ましい投資案件ということになる。しかし、次のような例で考えれば、この投資判断基準のおかしさが明確となる。

国債利子率が０％、国内株式インデックスファンドの期待リターンが10％、新興国成長株ファンドの期待リターンが20％だったとしよう。この場合、ＩＲＲは、国債が０％、国内株式インデックスファンドが10％、新興国成長株ファンドが20％となる。ハードルとなる企業の資本コストが８％であれば、２つの株式ファンドは合格で国債は不合格、資本コストが12％であれば、新興国成長株ファンドのみ合格で国債と国内株式インデックスファンドは不合格となる。この例に限らず、企業の資本コストがゼロということは考えられないので、国債は投資対象として常に不合格の万年落第生とならざるを得ない。ＩＲＲ最大化とは（期待）リターン最大化であり、要するに将来時点での期待値最大化である。上記の例でいえば、今日１００投資すれば、1年後の期待値は、国債なら１００、国内株式インデックスファンドなら１１０、新興国成長株ファンドなら１２０となる。

企業の資本コストをハードルレートとして、ＩＲＲの高低で投資の可否を判断するのは、極めて危険な投資方針である期待値最大化なのだ(3)。１９９０年代以降の低金利下、多くの確定給付年金基金が高ＩＲＲすなわち期待リターンの高い資産に投資したところ、その後、資産価値が下落したため、結果的に大損失をこうむり、給付引下げ、解散に追い込まれた。そう、高ＩＲＲ投資はハイリターンであるとともにハイリスクの投資なのである。

とはいえ、企業の資本コストを基準に投資判断を行っても、まず問題ない場合もある。非金融事業会社がこれまで手がけてきたビジネスの範囲で新規に投資を行う場合である。

推計された企業の資本コストは従前の平均的な投資のリスクを反映しているはずなので、こうしたルーティンな案件にハードルレートとして使っても、企業価値最大化という本来のあり方から大きく外れることはないだろう。逆にいえば、これまでとは異なる事業分野で新規投資を行う場合、従前の投資パターンを反映した企業の資本コストを使うことは望ましくない。

これまでの延長線上で新規投資を行う場合にも、気をつけなければならないことがある。それは、リスクが同程度なのに期待リターンが企業の資本コストを相当程度上回るということは、市場均衡からの乖離を意味するので、競争市場ではそうあることではない点である。もちろん、企業に独自のノウハウがある場合、ビジネスに高い付加価値が生じることは否定しない。

しかし、企業のノウハウの成果は、極論すれば単にカネを出すしか能のない投資家ではなく、ノウハウを生み出した経営者・従業員に帰属するはずなので、投資家に帰属する資産価値つまり期待キャッシュフローには反映されないはずである。(4)

ただし、経営者・従業員にはすぐに費用処理できるかたちで支払われず、一旦、本来は投資家に帰属すべき利益（資本）に計上され、後に、その時点での生産性を超える報酬（費用）というかたちで経営者・従業員に還元されるというのはありそうなことではある。この場合、最終的に投資家に還元されるキャッシュフローだけでみれば、期待リターンはリスクを反映したものになる。

一方、非金融事業会社と違って、簡単に保有資産のリスク特性を変えることができ、事業の性格上、企業独自の価値を付け加えることが困難な金融機関の場合、企業の資本コストを基準に投資判断を行うという考え方は、より一層深刻な事態をもたらす。

株主資本のコストは高い？

リーマン・ショックで世界的な不況が訪れるまで、金融の（自称）専門家や投資の（自称）プロたちは、欧米の銀行の高収益に比べ、日本の銀行の低収益を批判するのが常であった。しかし、未曾有の金融危機が明らかにしたのは、欧米銀のそれまでのハイリターンはハイリスクを、邦銀のローリターンはローリスクを反映した、当然の事象であったということである。

金融危機で欧米の主要銀行は単に赤字になったのみならず、その多くが債務超過となって、事実上、破綻し、税金による救済なしには存続することができなかったことをみれば、ハイリターンを得るため、ハイリスクというより、リターンに釣り合わない超ハイリスクを負っていたとすらいえる。一方、邦銀の損失は比較的軽微であり、ローリスク・ローリターンを地で行く経営が行われていたわけである。

金融危機が過去のことになりつつある現在、喉元過ぎれば熱さを忘れるということなのか、日本の銀行の低収益性を問題視する議論が絶えない。しかし、現在の邦銀に本当に必要なことは、経済活動の最重要インフラともいえる決済システムを安定的に維持するため、ハイリターンすなわちハイリスクを追わなくてもやっていける体制の構築であろう。(5) コクランも指摘しているように、ローリスク・ローリターン銀行論は、むしろ市場メカニズム重視の考え方なのだ。

資本コスト概念を理解するうえで、借方つまり個別資産の資本コストから、その加重平均として企業の資本コストが決まるということと並んで、もう１つ重要なポイントがある。

金融危機前、欧米の銀行は借方の資産ポートフォリオをハイリスク・ハイリターンのポジションにする一方、貸方の資金調達を株主資本ではなく、極端なまでに負債に依存したものにしていた。その際、銀行経営者が主張するのみならず、市場の常識となっていたのが、株主資本の調達（資本）コストは高いのに、負債の調達コストは安いというものである。

この考え方の前提になっているのは、企業ごとに、株主資本コストと負債コストが別々に決まっており、両者を加重平均することで、貸方から企業の（加重平均）資本コストが決まるという発想である。この「常識」は今も、銀行に限らず、日本の実務家の間で広く信じられているようである。

しかし、欧米の著名金融経済学者が金融危機を総括した『銀行は裸の王様である』でも指摘しているように、「株主資本コストは固定されており、株主資本と負債の組み合わせから独立しているとみなすことは、根源的誤り（fundamental fallacy）を含んでいる」[6]。

このギョーカイの常識の背後にある「根源的誤り」を図解してみよう。慧眼な読者はお気づきのことと思うけれども、「モジリアニ＝ミラー定理」の初等的解説である[7]。日本に限らず先進国全体で低成長が常態化し、ハイリターンの投資案件を見つけることが難しくなっている。全体として資本コストすなわち期待リターンの低下は避けがたい状況である。しかし、低成長下でも、株主資本コストすなわち株主にとっての期待リターンを高くすることは可能である。資産から得られる投資の成果は、レバレッジをかければ、株主と債権者に分配されることになる。その場合、株主と債権者では負担するリスクが異なるので、リターンもリスクを反映して異なったものとなる。

企業の資本コストは資産から決まっているので、レバレッジによって変えることはできない。つまり、概念的には、株主資本コストと負債コストを加重平均したWACCが資産の資本コストによって先に決まった後、レバレッジの程度に応じて、リターンとリスクがそれぞれ株主と債権者に割り振られるのである。

図表8・1（第7章図表7・2と同じ）は、3つの資産A・B・Cに投資する株主（自己）資本比率100％企業のバランスシートを示したものである。資産Aは資本コスト10％で資産価値200、資産Bは資本コスト5％で資産価値300、資産Cは資本コスト3％で資産価値500なので、資産計

は単純に足して１、０００、資本コストは資産価値で加重平均して５％となる。無借金すなわちレバレッジをかけていないので、ＷＡＣＣも株主資本コストも５％となる。

図表８・２は、同じ資産内容で、資金の３分の１を負債で調達した場合である。レバレッジをかけたといっても株主資本比率が６７％と比較的高いため、負債のリスクはほとんどなく、負債コスト（調達金利）は１％だったとしよう。この場合、レバレッジの程度にかかわらず、企業の資本コストすなわちＷＡＣＣは資産の資本コストから５％と決まっているため、

図表８・１　バランスシートと資本コスト（レバレッジなし）

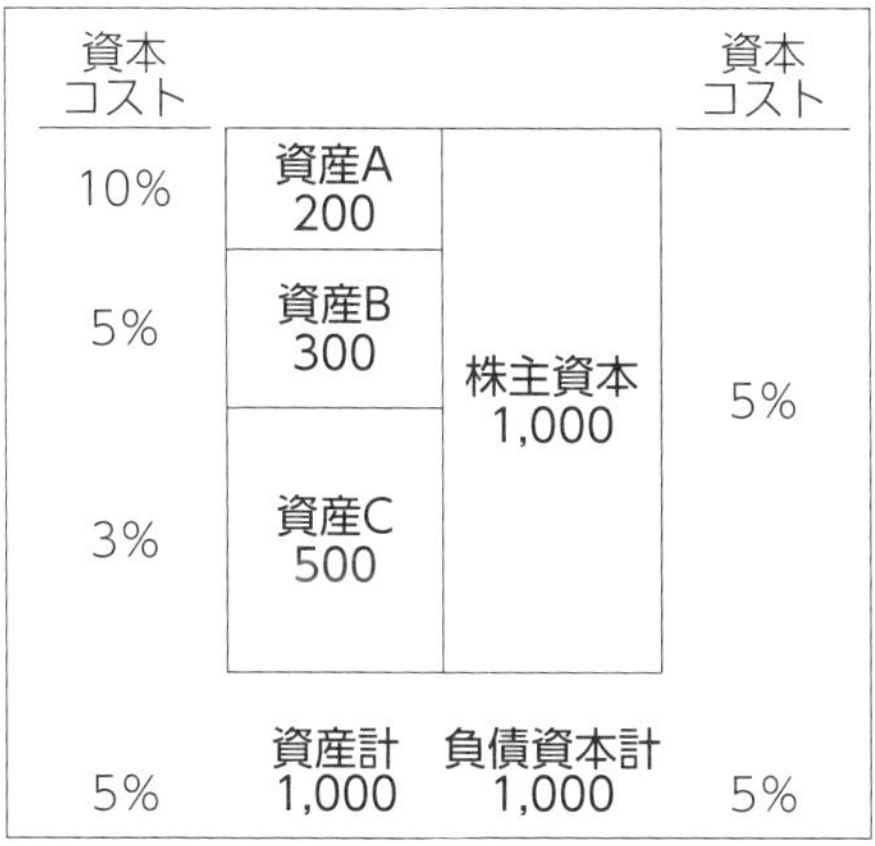

図表８・２　バランスシートと資本コスト（低レバレッジ）

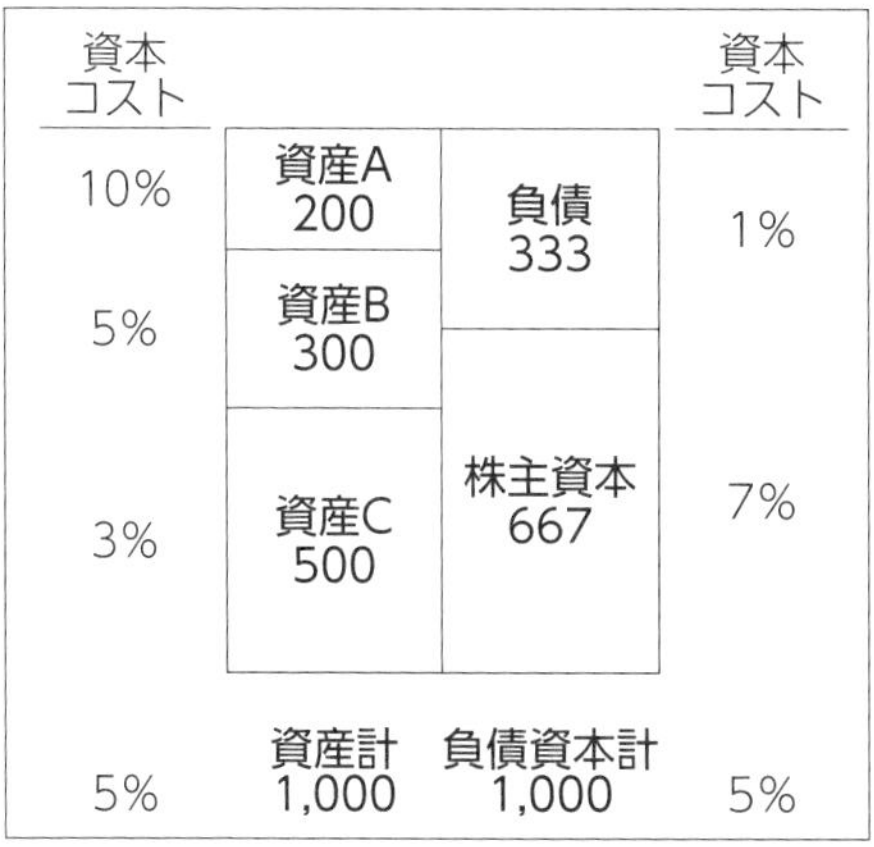

ＷＡＣＣ＝５％　＝株主資本コスト×株主資本比率＋負債コスト×（１－株主資本比率）

　　　　　　　　＝株主資本コスト×０・６７　＋１％　×０・３３

が満たされなければならず、株主資本コストは7％となる。

図表8・3は、同じ資産内容で、さらにレバレッジをかけ、資金の3分の2を負債で調達した場合である。株主資本比率が33％に低下したことを反映して、負債のリスクが上昇、負債コストは3％に上昇する。低レバレッジ（図表8・2）の場合と同様の計算を行えば、

図表８・３　バランスシートと資本コスト（高レバレッジ）

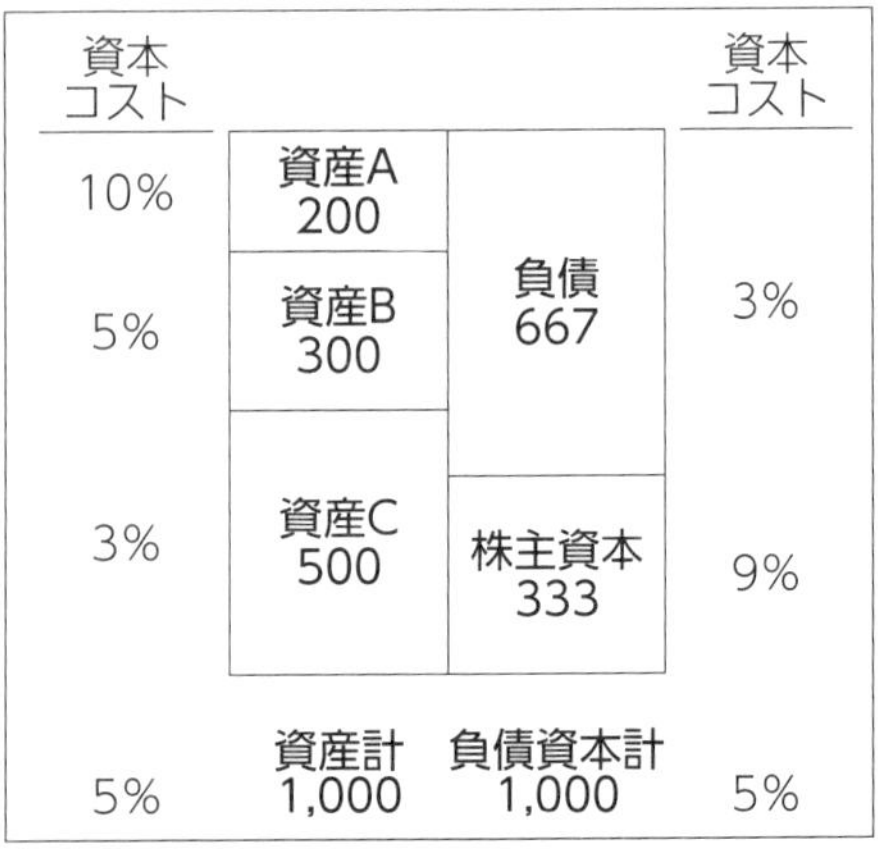

ＷＡＣＣ　＝５％

　＝株主資本コスト×０・３３＋３％×０・６７

なので、株主資本コストは9％となる。

資産の内容からまずWACCが決まり、株主資本コストと負債コストは、レバレッジの程度に応じて変動する。資産内容が同じでも、レバレッジをかければ、株主に帰属するキャッシュフローの変動が大きくなり、リスク上昇を反映して株主資本コストは上昇する。

なお、仮に企業の投資案件がこれまでのビジネスの範囲内のものであり、その資本コストが企業の資

本コストと同程度の場合でも、株主資本比率が１００％でない限り、株主資本コストをハードルレートに用いるのは筋が通らない。一方、債権者と株主の両方に帰属するリターン（営業利益ベースＲＯＡ）とＷＡＣＣを比較する手法とみなせるＥＶＡ（経済的付加価値）は、企業の投資パターンが安定している場合には、有効な手法かもしれない。(8)

金融危機の教訓

金融危機前、欧米の銀行はハイリスク・ハイリターンの投資を行うのみならず、異常なまでに高いレバレッジをかけることで、高ＲＯＥを実現し、市場の（自称）プロたちから賞賛を得ていた。しかし、市場環境が暗転すると、借方の資産リスクが貸方のレバレッジで増幅され、債務超過となり、金融危機を招くこととなったのだ。

一方、世紀の変わり目にＩＴバブルが崩壊したときには、金融危機は起こらなかった。なぜなら、ＩＴ企業は専ら株式で資金を調達し、ほとんどレバレッジをかけていなかったので、負債の利払いや元本返済が滞ることがなかったからである。

資本コストを考えるうえで、金融危機から学ばなければならないのは、一般に高収益は投資のハイリスクを反映したものであり、レバレッジでさらに株主資本のリターンを高くしようとすることには慎重でなければならないということである。(9)

要するに、「コーポレートガバナンス・コード」が推奨する（ようにみえる）、企業の資本コストをハードルレートに用いる投資判断は危険がいっぱいということなのだ。

ではどうすればよいのか。実は、資産ごとに資本コストを検討するという本来の投資判断のあり方と、昔懐かしい投資回収期間法の距離は意外と近い。

投資のタイプごとに年数の相場が決まっている回収期間法とは、ハイリスクのものは短期間で回収すなわちハイリターンを要求し、ローリスクのものは長期間で回収すなわちローリターンでかまわないという、先人の長年の知恵のつまった投資リスク対処法とみなすこともできる。(10)

日本企業が欧米企業に比べROEが低いことも、必ずしも問題とはいえない。2014年の公表時、経済メディアで大々的に取り上げられ、ビジネスの世界全般で大きな話題となった「伊藤レポート」(11)が指摘する「他国よりもばらつきが少なく、低位集中傾向にあることが特徴」とされる日本企業のROEは、同レポートが主張するような改善を要する課題というより、ファイナンス理論どおり、日本企業はリスクに見合ったリターンを提供していると素直に解釈することもできる。

また、あまり指摘されないけれども、国際比較においてはインフレによるバイアスを考慮しなければならない。インフレは利益等フローの数値に反映される一方、一部金融資産を除きストックには少なくとも短期ではほとんど影響を与えない。したがって、低率とはいえ持続的インフレ下にあった欧米企業のROEには、インフレ（上方）バイアスがかかる。(12)一方、デフレ下にあった日本企業のROEには、逆のデフレ（下方）バイアスがかかる。実質的リターンが同じでも、見かけ上、日本企業のROEは低くみえるということである。

一般にその道のプロや専門家と称する人たちのいうことは必ずしも信用ならない。投資の世界においては、とりわけそうである。そもそも、素人より優れた技能を持つという意味で、本当に投資のプロがこの世にいるのだろうか。第9章では、投資の（自称）プロの実態を報告する。

第9章　それでも（自称）プロにおカネを託しますか？

素人以下の（自称）プロたち

ファイナンスはもちろん、財務分析の教科書や授業でも取り上げられるようになった効率的市場仮説によれば、「情報は明らかになると同時に直ちに完全な形で証券価格に反映される」ので、「公表された情報をもとにミスプライスされた証券を選び出すことは不可能である。」[1]一方、こうした一種の運用否定論は、多くの非現実的仮定に依拠した極論にすぎず、近似としてはともかく、額面どおり受け取ることはできないというのがプロのコンセンサスなのだろう。

四の五のいわず、他国を断然圧倒する規模の資本市場を持つ米国のデータで、プロの成果を確認してみよう。幸い、米国ファイナンス学会の会長経験者で著書の邦訳もあるバートン・マルキールが、プロによるアクティブ運用の成果と市場インデックスを比較した実証分析を行っている。[2]

市場全体の加重平均リターンである市場インデックスのリターンというのは、評価の基準となるリターンというだけでなく、インデックスファンドを購入することで、投資に関して何も知らず、誰のアドバイスを受けなくても実現可能な、いわば素人のリターンでもある。

ここでは大型株に小型株とハイイールド債を加えた3つのカテゴリー別にみてみよう。大型株に比べ流動性が低く、ミスプライスの可能性が高いと思われる小型株や、デフォルト確率予想に大きく左右されるハイイールド債への投資は、大型株以上にプロの分析による付加価値が期待できる。

結果はどうだろうか。インデックスを上回るリターンを上げたアクティブ運用ファンドの割合をカテゴリー別に示したのが**図表9・1**である。(3)

2007年から2011年までの5年間でインデックスに勝ったファンドの割合は、大型株38%、小型株27%、そしてハイイールド債4%（！）で、いずれも半分に満たない。プロが少なくとも素人並みであれば、50%前後の数字となるはず。それより割合が大幅に少ないということは、プロは素人以下ということである。

市場での取引が盛んで流動性が高く、多くのプロの目が光る大型株運用でインデックスに勝てないのは仕方ないにしても、プロの腕の見せ所であるはずの小型株やハイイールド債でそれ以上にパフォーマンスが悪いこと、特に後者におけるプロの完敗ぶりは、一種のスキャンダルである。

もちろん、平均的にプロが素人以下だからといって、すべてのプロがそうだというわけではない。しかし、

図表9・1　インデックスを上回ったアクティブ運用ファンド割合

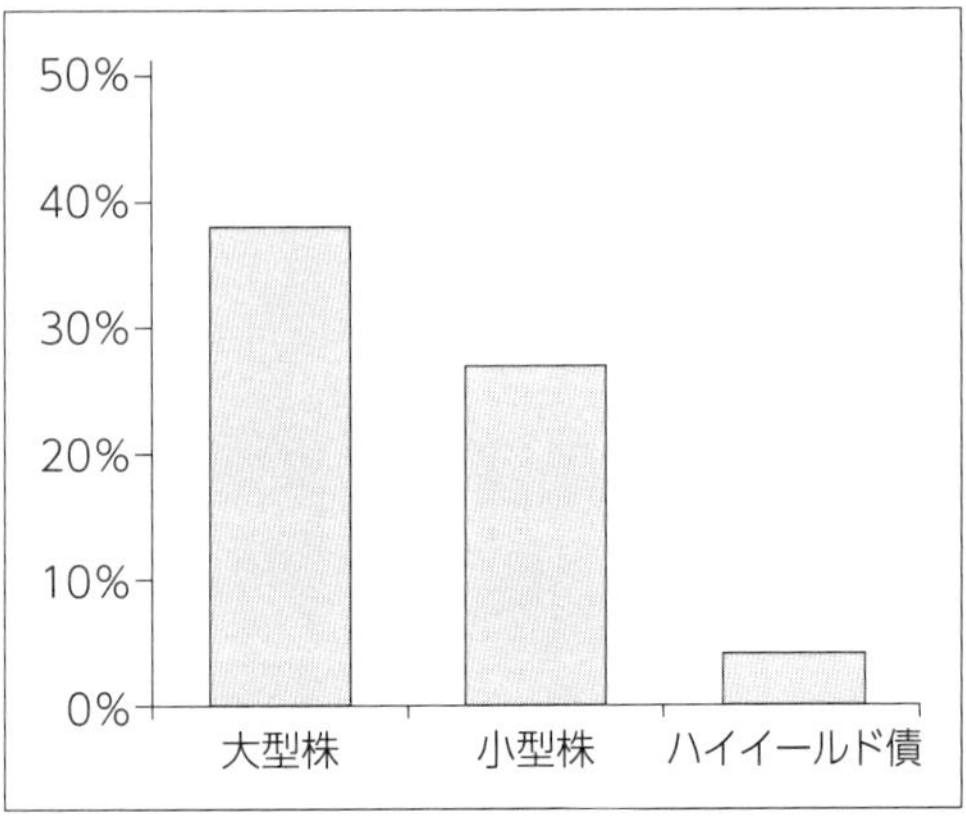

マルキールも指摘しているように、一時的にインデックスを上回るファンドは常に存在するものの、インデックスに勝ち続けるファンドは絶無に近い。少なくとも、そのようなファンドを事前に見つけることは事実上不可能である。

いずれにせよ、多額の報酬をもらっているプロの運用が、平均的には素人以下であることは厳然たる事実。要するに、投資の世界というのは、筆者がダルビッシュ有や大谷翔平の豪速球を簡単に打ち返せるような、まことに奇妙な世界なのだ。

小難しい理論以前の事実の問題として、投資のプロによるアクティブ運用がインデックス運用に及ばないことは、マルキールのみならず、やはり米国ファイナンス学会会長経験者のマーク・ルービンシュタインやケネス・フレンチも同様の実証結果(4)を示していることからわかるように、ファイナンス研究のプロのコンセンサスといってもよい。そもそも、投資のプロが集う米国証券アナリスト協会の会報でも、アクティブ運用ファンドのほとんどが恒常的にインデックスに及ばないことへの危機感が表明されている(5)。

「アクティブ＜インデックス」定理

「公表された情報をもとにミスプライスされた証券を選び出すことは不可能」という、一見非現実的な仮定に基づく市場均衡ファイナンス理論の結論は正しかったのである。

しかし、プロが素人に勝てないというのは、市場が均衡しているか否かにかかわらず、実はファイナンス理論以前の会計的必然なのだ。

米国ファイナンス学会元会長であるのみならず、ノーベル経済学賞受賞者でもあるウィリアム・シャープ(6)が指摘しているように、市場リターンというのは投資家全体の（加重）平均リターンなので、運用経費を引く前の段階では、投資をアクティブ運用とインデックス運用に二分すれば、

インデックス運用リターン＝市場リターン

であることから、以下の会計恒等式、

市場リターン＝アクティブ運用比率×アクティブ運用平均リターン＋インデックス運用比率×市場リターン

が成り立たねばならない。したがって、最終的に、

アクティブ運用平均リターン＝市場リターン＝インデックス運用リターン

が四則演算のみに基づく論理的必然として導出される。すなわち、アクティブ運用の（加重）平均リターンは市場リターンと必ず同じになる。同じことを別の角度から表現すれば、アクティブ運用は全体としてインデックス運用とならざるを得ない。

ここまでは運用経費控除前の話である。実際、プロに運用を委託すれば（投資信託購入もその一例）経費がかかるので、それを差し引いた額しか投資家は手にすることができない。一方で、インデックス運用は後述するように、経費率が非常に低く、

アクティブ運用経費率＞インデックス運用経費率

なので、最終的に、

経費控除後アクティブ運用平均リターン＜経費控除後インデックス運用リターン

という、四則演算のみに基づく「アクティブ＜インデックス」定理が得られる。ただし、ここでのアクティブ運用にはプロのみならず素人つまり個人投資家による運用分も含まれるため、運用経費控除前のプロによるアクティブ運用平均リターンが大きく素人の運用リターンを上回ることで、

プロの経費控除後アクティブ運用平均リターン＞経費控除後インデックス運用リターン

となる論理的可能性は存在する。

しかし、それが事実として存在しないことは、前節で述べたとおりである。

ＥＭＨより確かなＣＭＨ

アクティブ運用であろうがインデックス運用であろうが、投資家が手にすることができるのは、経費控除前のグロス・リターンではなく、そこから運用経費を引いた経費控除後のネット・リターンである。

「経費控除前リターン＝経費控除後リターン＋運用経費率」という会計恒等式は、世界最大のイン

デックスファンドの創設者ジョン・ボーグルが指摘するように、まさに投資の中心的事実である。ボーグルはこれをCMH（cost matters hypothesis）と呼んだ。[7] 実証の対象であって、その是非に関して議論のあるEMH（efficient market hypothesis）すなわち効率的市場仮説と違い、CMHは「単なる」会計恒等式ゆえ常に正しい。

投資家ひいては社会全体の立場からいえば、運用経費はなるべく少ないほうが望ましい。実際、それはどれくらいの大きさなのだろうか。もう一度、マルキールの実証分析に戻って、米国におけるアクティブ運用経費の推移をみてみよう。

図表9・2　アクティブ運用経費率

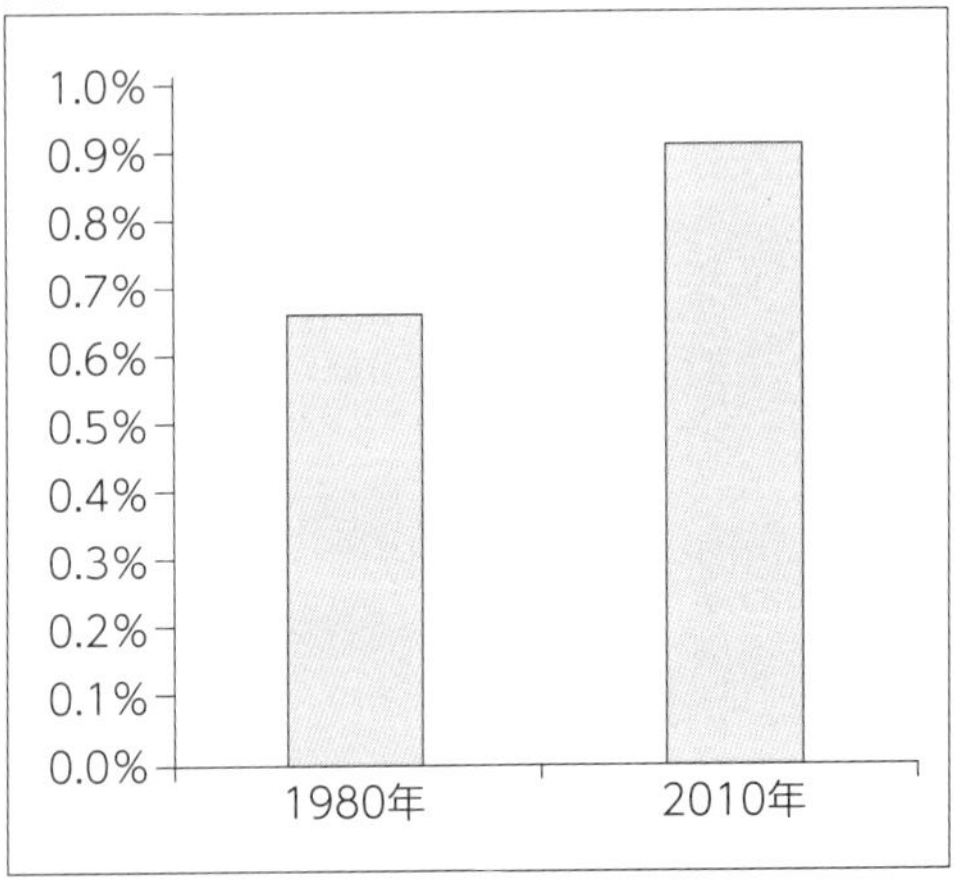

ここ数十年の資産運用市場の成長はすさまじい。1980年から2010年までの30年間で、米国の資産運用市場は258億ドルから3兆4、884億ドルで135倍の成長を遂げた。[8] ちなみに同期間の名目GDPは5倍にしかなっていない。

この30年間は同時に金融自由化が進み、株式売買手数料など投資にかかる経費は劇的に低下した。そのうえ、資産運用には明らかに規模の経済が存在するので、運用資産額の増加ほど経費は増加しないはずである。

ところが、**図表9・2**に示したように、[9] この30年間でアクティブ運用ファンドの（投資額に対する）経費率は0・66％から0・91％に上昇した。つまり、資産規模以上に運用経費が増加したのである。運用資産市場爆発的拡大の恩恵はすべて資産運用会社あるいはファンド・マネージャーの懐に入ったのだ。

運用経費率を一般投資家および機関投資家向けアクティブ運用とインデックス運用の３つのカテゴリー別に示したのが**図表９・３**である。[10] 一般投資家向けの０・９１％より低いものの、機関投資家向けアクティブ運用の経費率は０・５５％で、インデックスの０・０５％に比べれば10倍のコストがかかっている。[11]

図表９・３　アクティブ・インデックス運用経費率比較

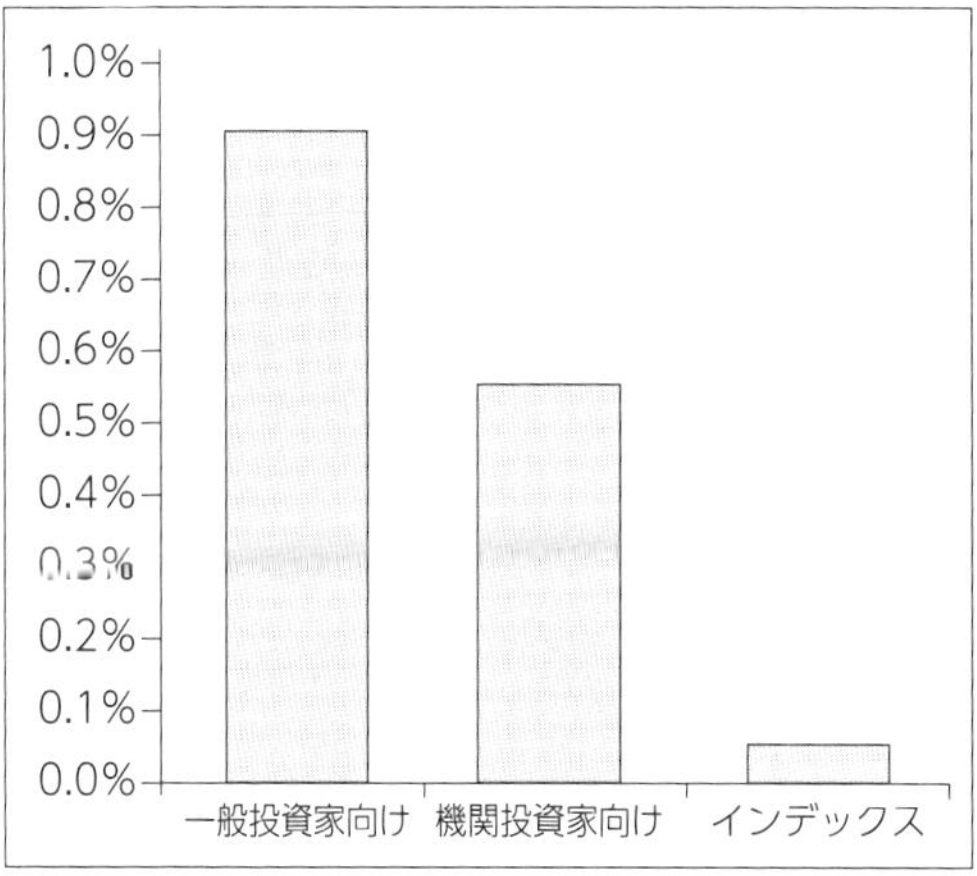

すでに紹介した実証結果が示すように、経費控除前はともかく、経費控除後リターンで比べれば、プロのアクティブ運用はインデックス運用に及ばない。なぜ、この広く知られた事実を前にして、玄人であるはずの機関投資家の多くが、ほとんどコストがかからないインデックス運用ではなく、アクティブ運用を選択するのだろう。機関投資家とファンド・マネージャーは、本来奉仕すべき企業年金受給者など本源的投資家の犠牲の上に、大きくなったパイを山分けすべく結託しているという批判もあながち荒唐無稽とはいえない。

ところで、インデックス運用に比べれば高コストであるにしても、アクティブ運用の経費率は１％に満たず、手数料と考えれば決して高くないようにみえるかもしれない。しかし、本来、運用経費と比較すべきは、投資額ではなく、運用アドバイスなしでも到達可能なインデックス運用リターンを超過した分でなければならない。そして、前述のとおり、経費控除後の対インデックス超過リターンはマイナス、すなわち経費率は100％を超えている。

とはいえ、すべての投資家がインデックス運用を行えば、証券価格が情報を反映しなくなるので、市場は著しく非効率になる。したがって、市場が効率的に運営されるためには、プロによるアクティブ運用が一定程度は存在する必要があるという主張には一理ある。

ただし、あくまでも「一定程度」である。ファンド運用にかかる経費が名目GDP比で数十分の1の規模であった40年前と比べ、市場がより効率的になったという証拠はない。アクティブ運用が価格形成に有用だとしても、現在の活動あるいは経費水準は度を越しているといわざるを得ない。

マルキールは前述の論文をこう締めくくっている。[12]

今日の資本市場における最大の非効率（the major inefficiency）は投資アドバイスの市場にあり、なぜ投資家は資産運用業務にこんなにも高い報酬を支払い続けるのだろうかという疑問を提起する。提供される価値に比べこれほどまで高い価格が付けられた他の業務を思い浮かべるのは困難である。

資産運用業務というのは、まっとうな仕事ではなく、高学歴エリートが結託して大衆をたぶらかす大掛かりな詐欺なのかもしれない。にもかかわらず、我が国政府は「国際金融都市構想」を掲げ、外国金融人材とやらを呼び込むため、相続税の減免制度を設け、所得税減税まで検討している。[13] 盗人に追い銭じゃないのといったら怒られるかな。

第4部
コーポレートガバナンス改革の不都合な真実

第10章　求む社外取締役、ただし聖人限定

He who is unfit to serve his fellow citizens wants to rule them.

Ludwig von Mises

第11章　水素水とコーポレートガバナンス改革

Have you come to believe because you have seen me?
Blessed are those who have not seen and have believed.

John 20:29

第12章　起業家精神に不可欠な無知

Bare virtue can't make nations live in splendor.

Bernard Mandeville

第10章　求む社外取締役、ただし聖人限定

管理会計研究も科学化

会計研究の科学化が進み、学界を主導する会計学者の書く論文も様変わり。財務会計に関していえば、「できる」人はもっぱら株式市場のデータを用いた実証を行うようになってきた。会計基準や利益測定の議論にうつつを抜かしているようでは、終わった人と白眼視されかねないのが現状である。一方、会計実務・教育は、簿記も含めた伝統的な会計認識・測定論が中心であることに変わりない。

その是非は別として、実務的学問であるにもかかわらず、会計学は実務・教育から乖離してきている。筆者が留学していた四半世紀前、米国ではすでにそのような状況だったので、会計学の米国化が進んだということなのかもしれない。

ただ、隣接する分野というか、少なくとも国立大学ではたいてい同じ学部に同居する経済学者の場合、米国等英語圏で博士号を取るのが一般化したのとは異なり、会計学の世界に米国帰りはあまり多くない。なぜ経済学と会計学で違いが生じたのか、学界社会学の興味深いテーマではある。

さて、財務会計といえば、もう1つの会計実務・教育の柱である管理会計の研究はどうなっている

のか。財務会計で実証研究が主流になるのと並行して、管理会計の研究も科学化が進行中である。とはいえ、財務会計の場合、上場企業を中心に実証に必要なデータには事欠かないのに対し、管理会計に関するデータは、まさに企業が内々で行う管理会計そのものの性格ゆえ、なかなか手に入らない。個別企業のケーススタディーを超えた、共通の様式で集められたデータの入手はほとんど不可能に近い。

そのため、米国における管理会計研究の科学化は、数学モデル構築を柱とする「分析的（analytical）アプローチ」の隆盛というかたちで進んだ。まだ数は限られているものの、日本でも専門の研究者が増えてきており、学部学生や実務家にも理解できるよう初等的に解説した教科書も出版されている。[1]

この一見抽象的で実務とはほとんど無縁にも思える分析的アプローチは、近年ますます喧しくなってきたコーポレートガバナンス改革運動の背景となっている企業観を批判的に検討するうえで、不可欠な道具といってよい。

エージェンシー理論とコーポレートガバナンス

分析的アプローチに基づく会計の論文といえば、「『命題』『証明』といった言葉とともに、複雑な数式が多く登場し、あたかも、数学の文献、あるいは数学を駆使した経済学の文献のようである」[2]。しかし、式は複雑でいろいろなバリエーションがあるものの、そこで用いられるモデルあるいは基本的発想は単純である。極論すれば、会計における分析的研究は、いわゆるエージェンシー理論に尽きるといってよい[3]。大ざっぱにいうと、エージェンシー理論は、プリンシパル（本人）が自らの利益を最大化するために、これまた自らの利益を最大化しようとするエージェント（代理人）をいかにコントロールすべきかという問題意識のもとに組み立てられている。

昨今のコーポレートガバナンスをめぐる議論は、企業のオーナーあるいはプリンシパルである株主が、性悪説に基づいてエージェントである経営者を管理監督するという構図で行われることが多い。性悪説というのは、経営者がエージェントとしての本来の使命であるプリンシパルの利益最大化ではなく、自らの利益最大化を優先することを意味する。まさに、エージェンシー理論と同じ発想である。ただし、本音重視の経済学の理論であるエージェンシー理論と、建前を重視する法律家主導のコーポレートガバナンス改革論には、その処方箋に違いがある。コーポレートガバナンス改革論においては、本来の使命である株主利益最大化に努めない（とされる）経営者、さらには物言わない株主が問題視され、説教調の「べき」論が展開される。

それに対し、エージェンシー理論では、経営者に限らず人間誰であっても、自らの利益最大化を目指すことは当然の前提とされ、お説教は無意味な「チープトーク」(cheap talk) として排除される。したがって、株主はプリンシパルである自分にとって好ましい行動をエージェントである経営者に命令するのではなく、そうした行動をとったほうがエージェントにとっても得になるよう、制度を設計せねばならない。要するに、経営者が自分の利益最大化のために行動すれば、結果的に株主の利益にも資するような仕組みを作るということである。

そもそもなぜ、株主が企業を自分で直接経営せず、エージェントである経営者に任せたかといえば、そのほうが大きな利益が期待できるからである。いわゆる個人株主の観点からは、次のように考えたほうがよいかもしれない。銀行預金や公社債購入など、プリンシパル－エージェント関係に起因する問題がない（に等しい）資産運用手段が現に存在するにもかかわらず、誰にも強制されないなか、あえて株式投資を行うのは、そのほうが得だと判断するからである。

もちろん、他人である以上、株主と経営者の利害は一致しないし、むしろ相反するのが常である。しかも、エージェントである経営者の持つノウハウは、身長や体重のように簡単に測れない代物なので、本当に経営者が株主のために行動したかどうか、直接確かめることはできない。いわゆる情報の非対称性である。経営者は頑張るより怠けたほうが楽なので（効用が高いので）、自らの経営サービスあるいは努力が観察できないことに乗じて、なるべくサボろうとする。

これはモラルハザードと呼ばれているけれども、経済学においては道徳的非難の意味はない。個人の利益、正確には効用最大化を前提とする経済学においては当たり前の行動である。ただし、効用と物質的・金銭的利益を同一視していないので、立派な行い、たとえば、観察不可能でも精一杯努力することに価値（効用）を見出す個人の存在を否定しているわけではない。

涅槃のセカンド・ベスト＝浮世のファースト・ベスト

株主は経営者の努力を直接観察することはできないものの、その結果である企業業績は事後に確認することができる。それゆえ、業績と報酬を連動させれば、経営者行動を株主利益最大化に沿ったものにできるはず。経営者へのストックオプション付与の背景にある理屈である。ただし、株価は企業業績だけを反映して変動するわけではない。さらにより重要な論点は、株価が企業業績と完全に連動しているか否かにかかわらず、そもそも企業業績そのものが経営努力だけで決まるわけではない点である。したがって、業績がよかったからといって経営者が頑張ったとは限らないし、業績が悪かったからといって経営者が怠けたとは限らない。企業業績という、経営努力の指標としてはノイズを含んだ不確実な情報に基づいて評価されることになれば、当然ながら、経営者はそのリスクの補償を株主に要求する(4)。

この補償相当分を経営者報酬に加える必要があるため、株主にとって、経営努力が観察できる場合に得られるファースト・ベスト解に比べ、余分なコストがかかってしまう。要するに、プリンシパル-エージェント関係がもたらす非効率ゆえ、ファースト・ベスト解に比べて、プリンシパルである株主の取り分が少なくなるセカンド・ベスト解しか得られない。以上が、会計研究者の世界でも常識となりつつあるエージェンシー理論のエッセンスである。

それにしても、半世紀以上前にハロルド・デムゼッツが指摘(5)したように、実現不可能なファースト・ベスト解と比べて、現実の世界で到達可能なうち最善の解をセカンド・ベストと呼ぶのは奇妙ではなかろうか。株主は自らの利益最大化を図るために、経営者にほとんどすべての権限を与え、経営サービスを受け取り、その見返りとして報酬を支払う。製造に必要な原材料を入手するために、対価を支払って売り手から取得するのと変わらない。経営者のモラルハザードゆえファースト・ベストではなくセカンド・ベストの解しか得られないという主張は、原材料がタダでは手に入らず、対価を支払わねばならないので、コストがゼロの場合に実現できるファースト・ベストの解が得られないという主張と変わらない。

この世に存在しない到達不可能な桃源郷あるいは涅槃を前提とする理想解と、不完全なこの世で到達可能な現実解を比較して、後者が前者に効率性で劣ることを問題視し、政府による介入を正当化するのは、一部の経済学者の常套手段である。デムゼッツはこうした試みを「涅槃（Nirvana）アプローチ」と呼ぶ。しかし、理想と現実ではなく実現可能な選択肢のなかでどれが一番ましかという、涅槃ならぬ浮世の基準で判断すれば、セカンド・ベスト解こそ最善、ファースト・ベストなのである。

エージェンシー理論の意外な結論

ファースト・ベストと呼ぶか、それともセカンド・ベストと呼ぶかはともかく、制約条件下の最大化という経済学の基本的枠組みに基づいて、浮世で実現できる最善解のあり方を示したエージェンシー理論の意義は大きい。とりわけ、筆者はエージェンシー理論が多くの実務家にとって意外であろう結論をもたらす点を強調したい。

経営者を株主価値最大化に沿って行動させるためのインセンティブとして、ストックオプションなど株価連動報酬導入の動きが日本でも加速している。たとえば、「コーポレートガバナンス・コード」は「経営陣の報酬については、中長期的な会社の業績や潜在的リスクを反映させ、健全な企業家精神の発揮に資するようなインセンティブ付けを行うべきである[6]」と宣言したうえで、こう敷衍する。[7]

> 取締役会は、経営陣の報酬が持続的な成長に向けた健全なインセンティブとして機能するよう、客観性・透明性ある手続に従い、報酬制度を設計し、具体的な報酬額を決定すべきである。その際、中長期的な業績と連動する報酬の割合や、現金報酬と自社株報酬との割合を適切に設定すべきである。

しかし、経営者がその経営ノウハウに基づき、どれだけ努力しても、その責に帰することができない理由で業績が上がらない可能性は常に存在する。業績というアウトプットは経営努力とそれ以外のインプットで決まるのだ。株主が経営者に期待するのは、優れた経営サービスの提供であって、投資リスクの共有ではない。にもかかわらず、報酬を株価に連動させると、経営者は投資家（株主）としてのリスクを負うことになるので、前述のとおり、それに見合うプレミアムを報酬として要求する。

こうした枠組みが、株主にとって本当に望ましい結果をもたらすであろうか。そもそも、株主は保有する投資ポートフォリオの一部を占めるにすぎない当該企業株式を売却して、プリンシパル－エージェント関係からいつでも逃げ出せる。それに対し、経営ノウハウはかなりの程度、企業特有ゆえ、経営者は逃げるに逃げられず、株主以上に危険回避的とならざるを得ない。危険回避的なほどリスクプレミアムは大きくなるので、株主が支払うべき経営者報酬（の期待値）もそれに応じて高くなる。さらに、株価は業績指標として、ノイズを含んだ不確実な情報であり、短期的には特にそうなので、経営者のリスクは増幅される。

その結果、株価は経営努力の代理変数としては二重にノイズを含んだものとなり、その精度が低いほど、株主が支払うべき経営者報酬（の期待値）が大きくなり、場合によっては、株価連動報酬は株主にとって割に合わないもの、つまり株主利益最大化に反することもありうる。

株価は、経営者を評価する指標として、経営者がその値を基本的に左右できない点では優れているといえるけれども、経営努力との相関が、とりわけ短期的には必ずしも高いとはいえない。だからといって、業績にかかわらず一定額の報酬を経営者に支払うこととすれば、努力するインセンティブは消失し、あとは経営者の使命感に期待するしかなくなる。

とはいえ、現実は株価連動か一定額という二者択一ではない。経営者報酬においても、浮世に付き物のトレードオフが発生しているだけである。経営努力に限らず、何かを測る際、一方向への歪みという意味での偏りと、ランダムな間違いという意味での誤差を、両方ともできるだけ小さくすることが望ましい。ところが、偏りと誤差を同時に小さくすることはできず、どちらかを小さくしようとすると、もう片方が大きくなることがしばしばである。

株価は経営努力の代理変数として、偏りは小さいものの、誤差は大きい。一方、会計利益はどうか。会計利益が経営努力を反映する指標であることは疑いないにしても、作成過程において経営者に裁量の余地があるので、当然、経営者に有利なように操作されている、つまり偏りがあると考えるのが大人の判断であろう。ただし、会計基準とそれに基づく会計監査の存在もあって、誤差は比較的小さいと考えられる。偏りと誤差の両方を比較考量すれば、株価と比べ偏りは大きくても、誤差の小さい会計利益のほうが、経営者報酬算定基準として望ましいかもしれない。

要するに、現実の条件次第で、株価連動よりも会計利益連動の経営者報酬のほうが株主価値最大化に資するということである。企業ごとに株主と経営者のプリンシパル－エージェント関係を取り巻く条件は異なるので、これが絶対という経営者報酬体系は存在しない。株価連動、会計利益連動そして一定額の報酬の種々の組み合わせが、それぞれの企業の事情に応じて、浮世の最適となる。それがエージェンシー理論のメッセージである。

モラルハザードは倫理の欠如？

人的・物的資源に限りがあり、必ずしもお互いの利害が一致しない人間社会において、エージェンシー理論は、セカンド・ベストという名の浮世のファースト・ベストがどのような特徴を持つかを明らかにした。

ところが、市場の失敗を強調する論者は、大人である当事者に任せておくことを是とせず、浮世で涅槃のファースト・ベストに到達すべく、政府による介入を要求する。[8] 典型的なプリンシパル－エージェント関係である株主と経営者をめぐるコーポレートガバナンス改革論議も、予想どおり涅槃アプローチに溢れている。

モラルハザードの存在ゆえ、涅槃のファースト・ベストは浮世で実現することができない。しかし、デムゼッツが指摘するように、「モラルハザードの問題は、他のコストがもたらす問題と何ら変わりはない」[9]。経営ノウハウというインプットを手に入れるため、モラルハザードを含めコストがかかるのは、他のインプットを手に入れるためにコストがかかるのと同じである。

ところが、この「モラルハザード」という言葉は、世間では非難の意味を込めて用いられることが多い。たとえば、毎日読むのがビジネス・エリートの必要条件（十分条件ではありません、念のため）とされる『日本経済新聞』に掲載された「同族企業　強みと弱みは？」と題した少し前の記事[10]にはこうある。「『会社は株主のモノ』ですが、同族企業は会社と株主が一体化しています。その強固な関係が企業価値を高めるのです」。しかし、「企業は自分と一心同体という思い込みが創業一族に強すぎると、モラルハザード（倫理の欠如）に陥ったり、コンプライアンス（法令順守）違反を起こしかねません」。

「倫理の欠如」という訳（注釈）が与えられていることからもわかるとおり、モラルハザードは悪いこと、根絶すべき問題と理解されているのは明らかである。さらに、モラルハザードを同族経営がもたらす弊害の1つとする点で、天下の日経とミクロ経済学の応用であるエージェンシー理論には埋めがたい認識の相違がある。

エージェンシー理論におけるモラルハザードとは、自らの行動が外部から観察できないのをよいことに、エージェントがプリンシパルの意図に沿わない行動をとることを意味する。したがって、プリンシパルがエージェントを兼ねる、つまりプリンシパルが他人をエージェントとして利用せずに自分で行動すれば、定義上、モラルハザードは生じない。株主と経営者の関係でいえば、株主が経営者を兼ねる、すなわち直接経営を行えば、経営者のモラルハザードは完全に解消できる。同族企業とはまさにそのような、エージェンシー理論でいうモラルハザードが除去された経営形態である。

おそらく、この日経記事は、企業が金銭的価値最大化に努めないことをモラルハザードと呼んでいるのであろう[11]。一方、経済学で想定されている最大化の対象は金銭的価値ではなく期待効用である。たとえオーナー経営者が企業の金銭的価値最大化を行っていないとしても、それは都心の一等地を高度利用せず庭のまま維持する地主同様、法令を遵守している限り、本人の自由である。それをモラルハザードに陥っていると論難することは、エージェンシー理論が依拠する経済学的思考とは直接関係ない、個人の趣味の問題である。

浮世で涅槃のファースト・ベストを目指す？

議論を単純化するため、同族企業か否かにかかわらず、株主の利益最大化を金銭的価値最大化と等置しても、コーポレートガバナンス改革論の具体的中身は不可解なものが多い。そこでは、株主と経営者の間のプリンシパル－エージェント関係がもたらす、涅槃のファースト・ベストと現実の乖離を、別のエージェントを導入することで解決することが提唱されているのだ。

たとえば、「コーポレートガバナンス・コード」は、「上場会社は、取締役会による独立かつ客観的な経営の監督の実効性を確保すべく、業務の執行には携わらない、業務の執行と一定の距離を置く取締役の活用について検討すべきであ」り[12]、「会社の持続的な成長と中長期的な企業価値の向上に寄与するように役割・責務を果たすべ」く、「プライム市場上場会社はそのような資質を十分に備えた独立社外取締役を少なくとも3分の1（その他の市場の上場会社においては2名）以上選任すべき」とする[13]。

しかし、この独立した社外取締役という経営者とは別のエージェントには、モラルハザードは存在しないのだろうか。社外取締役には聖人しかなれないのか、それとも社外取締役になった途端、俗人がなぜか悔い改めて、聖人のごとく振る舞うのか。社外取締役が中心となって運営される取締役会は、一種の涅槃会が想定されているのだろうか。

筆者は社外役員の選任自体に反対しているのではない。株主と経営者の関係において強調されるモラルハザードの問題が、株主と社外役員との間では等閑視されたまま、先験的に独立性が価値あるものとして、社外役員の選任が強制されることに疑問を呈しているのである。

第11章では、そもそも、社外取締役選任の強制のみならず、推進者が自信満々に語るコーポレートガバナンス改革論がどのような実証的根拠に基づいているのか、検討したい。

第11章　水素水とコーポレートガバナンス改革

水素水がただの水で何が悪い

流行り廃りは世の常。特に人間最大の関心事と言ってもよい健康をめぐっては、次から次へと新しいブームがやって来る。ちょっと前にブームになった水素水もその1つである。

2016年5月に伊勢志摩で開かれた先進国首脳会議で、大手飲料メーカーである伊藤園が無償で市販の水素水を報道陣に提供し、好評だったようだ。しかし、この事実を伝える「水素水ブーム」と題された『東京新聞』の記事(1)にあるように、専門家の間では水素水の健康効果を疑問視する声が大勢である。

記事でも指摘されているように、「市場に出回っている水素水は、医薬品や、国が定めた安全性や有効性の基準などを満たしたトクホなど『保健機能食品制度』のらち外であ」り、「健康効果は実証されていない」。2016年12月16日、国民生活センターは、健康効果を謳った一部の水素水や水素水生成器について、健康増進法などに抵触するおそれがあると発表し、業者に表示改善、消費者庁に業者への指導を要請した(2)。さらに、2017年3月3日には、痩せられるような宣伝をしたのは根拠がなく、景表法違反だとして、消費者庁は一部の業者に再発防止を求める措置命令を出している。[3]

要するに、水素水はただの水にすぎないということである。ただし、こう言っては何だけれども、所詮、水の話。しかも、水素水の効能が一般の水と変わらないということは、水素水を飲んだからといって、特に健康にプラスの効果はないにせよ、害もないわけである。健康効果を謳わなければ、水素水の販売に何ら問題はない。

実際、伊藤園は、自社ホームページで健康効果に触れていない。「治療効果など、水素の抗酸化作用については研究途上で、商品化は勇み足[4]」という意見もある。しかし、法に触れない範囲で消費者の需要に応じて企業が商品を供給することは、市場経済の大原則であり、消費者が水素水を購入することで金額に見合った満足を得られるのであれば、外野がとやかく言うべきではなかろう。法外な金額を要求されることもある怪しげな民間療法と違って、たかだか1本2百円程度の出費であり、副作用もない。まさしくただの水なのだから。

いずれにせよ、水素水が流行ろうが廃ろうが、日本経済に与える影響はほとんどゼロである。しかし、水素水同様、プラスの効果があることが示されていないうえに、むしろ経済全体に大きなマイナスの影響を及ぼす可能性があるにもかかわらず、国家権力によって強制された療法が存在する。しかも、この怪しげな療法への批判が、少なくとも表立ってはほとんど聞こえてこないどころか、水素水とは逆に、有識者と称する人たちがこぞって推奨するという異常事態。それは何かといえば、コーポレートガバナンス「改革」である。

帰ってきた行政指導(5)

経営者は、本来、株主のエージェントとして株主価値最大化に努めねばならないのに、必ずしもそのように行動していないというのが、コーポレートガバナンス改革論の背後にある基本的考え方であろう。経営者は会社のことを熟知しているのに、株主はよく知らないという情報の非対称性のもと、情報優位にあるエージェント（経営者）が、劣位にあるプリンシパル（株主）の利益を犠牲にして、自分たちの利益を優先するというわけである。

第10章の最後で触れたとおり、このエージェンシー問題を解決するため、昨今のガバナンス改革論の重要な一里塚たる「コーポレートガバナンス・コード」は、社外取締役に経営者から独立した株主利益代表の役割を期待している。

しかし、経営者というエージェントに、独立社外取締役という別のエージェントを加えると、なぜエージェンシー問題が改善されるのか。自分の利益を優先する経営者（社内取締役）と違って、なぜ社外取締役は自らの利益を犠牲にしてでも、株主利益最大化に努めると期待できるのか。

「コーポレートガバナンス・コードの策定に関する有識者会議」は2015年3月に「コーポレートガバナンス・コード原案」を公表した際、「独立社外取締役を複数名設置すればその存在が十分に活かされる可能性が大きく高まる、という観点から、『少なくとも2名以上』との記載を行っている」というだけで、何ら説得力のある根拠を示さなかった。(6) 2021年の改訂で、さらなる増員、具体的には「少なくとも3分の1以上」の社外取締役選任をプライム市場上場会社に求めるに至ったけれども、実証的根拠は示されていない。

筆者は企業が独自の判断で社外取締役を選任することに反対しているのではなく、根拠もなしに強制することに疑問を呈しているのである。こうした筆者の強制反対論に対して、ガバナンス改革論者は、「原案」にある以下の解説[7]に基づき、筆者の認識不足を指摘するかもしれない。

本コード（原案）は、法令とは異なり法的拘束力を有する規範ではなく、その実施に当たっては、いわゆる「コンプライ・オア・エクスプレイン」（原則を実施するか、実施しない場合には、その理由を説明するか）の手法を採用している。すなわち、本コード（原案）の各原則（基本原則・原則・補充原則）の中に、自らの個別事情に照らして実施することが適切でないと考える原則があれば、それを「実施しない理由」を十分に説明することにより、一部の原則を実施しないことも想定している。

要するに、社外取締役3分の1以上選任をはじめとしたコーポレートガバナンスのデフォルトを提示しただけで、強制などしていないというわけである。確かに、「コンプライ・オア・エクスプレイン」という手法は、一見、従来の強制適用を前提とした改革案と異なり、当事者に裁量の余地を与えた、規制当局の自己抑制を伴う妙案にみえる。

しかし、ワープロソフトの各種設定と違い、デフォルトと違う選択には「十分に説明する」責任が課されている。「十分に説明」できたか否かの判断が規制する側に委ねられていることを考えれば、よほど向こう見ずな経営者以外、たとえ好ましくないと考えても、とりわけ改革論者一押しの社外取締役3分の1以上選任などでは、経営者はデフォルトを忖度もとい、尊重するだろう。

この手法は「我が国では、いまだ馴染みの薄い面がある[8]」どころか、その実態は強制に限りなく近い、かつて役所が多用した行政指導そのものである。昔の名前じゃ出られないので、「透明・公正かつ迅速・果断な意思決定を行うための仕組み[9]」の構築を謳った「有識者会議」によって、「コンプライ・オア・エクスプレイン」というよくわからないカタカナ語にラベルが張り替えられただけである。規制当局であるご本尊の金融庁が表に出ず、民間の東京証券取引所が前面に出るところまで、業界団体の自主規制のかたちをとることが多かった行政指導と同じである。表舞台から姿を消した統制経済的手法の華麗なカムバック！

「法的拘束力を有する規範」であれば、現代デモクラシーのもとでは国民に直接選ばれた議会を通じた一定のコントロールが行われ、市場経済への介入は規制する側が「エクスプレイン」せねばならず、規制強化には慎重にならざるを得ない。たとえば、国会で審議可決された会社法は、1名以上の社外取締役選任を求めているだけである[10]。しかし、「コンプライ・オア・エクスプレイン」方式であれば、社外取締役選任の件に限らず、あくまで任意という建前のもと、規制する側はやりたい放題である。「忖度の強制」とでもいうべきか。

企業価値を向上させない独立取締役

「コンプライ・オア・エクスプレイン」という名の行政指導によって企業活動に介入することは本来望ましくないにしても、独立社外取締役の導入で企業価値が向上するのであれば、結果オーライではないかという意見もあろう。

しかし、ガバナンス改革論者がしばしば手本として持ち出す、社外取締役が過半数を占める米国企業について、ラリー・リブスタインはこう述べている[11]。

独立取締役が何らかの目的に役立つにしても、コーポレートガバナンス問題における万能薬として独立取締役を企業に強制することには、ほとんど根拠がない。実際、実証的証拠は全体として、取締役の独立性と企業業績に相関がないことを示している。

ただし、米国における実証研究には、大きな制約がある。米国では株主代表訴訟において、社外取締役が過半数を占める取締役会が承認した案件に関しては、裁判でいわゆる「経営判断の原則」(business judgment rule) が広く適用されるので、企業に有利となる[12]。そのため、企業価値向上ではなく、もっぱら訴訟対策の観点から、どの上場企業の取締役会もメンバーはほとんどが社外取締役となった。したがって、三輪芳朗教授（大阪学院大）とマーク・ラムザイヤー教授（ハーバード大）が指摘しているように、社外取締役が企業に及ぼす影響をみるための実証研究に不可欠な、データの散らばりが失われてしまっているのである[13]。

それに対して、1980年代から1990年代前半にかけての日本では、訴訟法上の理由もあって株主代表訴訟がほとんどなく、今日のような社外取締役選任の強制もなかった。したがって、両教授の言を借りれば、「この時期の日本では、投資家の合理的な選択の結果としての『外部取締役』選任と企業の収益性との関連をより望ましい環境下で実証的に検討できる[14]」。

企業は厳しい市場競争のもと、事業や財務だけでなく、コーポレートガバナンスにおいても、株主価値最大化に向けてベストを尽くしていれば、社外取締役の数やタイプと収益性に統計的誤差以上の相関はみられないはずである。一方、社外取締役が少なすぎるために株主利益が犠牲にされているならば、社外取締役の数と収益性に明瞭な正の相関がみられるはずである。[15]

社外役員[16]がどう選ばれたかをみるうえで、格好の実験場である当時の日本企業を用いた、三輪教授とラムザイヤー教授が行った実証研究の結果は、コーポレートガバナンス「改革」の中核をなす社外取締役推進論に根本的疑問を呈するものであった。[17]

競争市場の論理から導かれる推測と整合的な結果だが、われわれのデータセットの「外部取締役」と企業の収益性との間に目立った関係は見あたらない。ここから、われわれは、各企業はtheir firm-specific optimumに近い数とタイプの「外部取締役」を任用していると結論する。

したがって、両教授が指摘するように、「『外部取締役』任用を奨励し、さらに義務づける主張は、株主利益に反する」と言わざるを得ない。[18]

無責任で付加価値マイナスの機関投資家

社外取締役が企業価値向上に役立たないとして、コーポレートガバナンス「改革」の中核を担う二大支柱のもう片方、機関投資家には期待できるのだろうか。

日本の改革論者が手本とする米国の実情はどうか。米国ではコーポレートガバナンスを規定する会社法は連邦（国）ではなく州の法律であり、州間のコーポレートガバナンス競争の結果、デラウェア州が勝者となり、現在、上位5百社の3分の2がこの州を法律上の本拠（legal home）としている[19]。

したがって、この人口百万人に満たない東部の小さな州の司法判断が、良きにつけ悪しきにつけ日本にも大きな影響を与える米国のコーポレートガバナンスの動向を左右する。その頂点に立つ米国会社法の番人ともいうべき同州最高裁長官を2019年まで務めたレオ・ストラインは、日本の「米国では」論と全く違う意見の持ち主なのだ。

まず、上場企業の中心に位置するのは経営者であって、ストライン前長官のような「伝統主義者は、中央集権的に権限を与えられた経営者の決定に基づくより大きな利益を得るため、喜んでその失敗を受け入れる[20]」。ここで「伝統主義者」（traditionalist）という表現が用いられていることからもわかるように、筆者のような学界はぐれ鳥がたまたま会社法の番人になったわけではないのだ。米国における会社法解釈の王道を歩んでいる人物だからこそ、このような要職に就いていたというべきだろう。

ストラインは機関投資家や議決権行使アドバイザー（助言会社）についてはこう言っている。「企業経営者と違って、株主としての機関投資家も、議決権行使アドバイザーとしてのISSも、自らがその政策に影響を及ぼそうとしている企業に何ら受託者責任（fiduciary duties）を負っていない[21]」。そもそも、「経営者の欠陥だけに対する相変わらずのこだわりは、過去の機関投資家の影響力増大が必ずしも良いことばかりではなかった（not an unadulterated good）という現実を無視している[22]」。

ストラインは、株主総会を利用した物言う株主の攻撃から企業経営者を守るため、次のような提言まで行っている。「経済的意味のある提案の提唱者は2,000ドルから5,000ドルの提案料を支払うべきであり、少なくとも200万ドル相当あるいは1%以上の株式を保有すべきである」。さらに、「初年度に20%に満たない支持しか得られなかった提案は、次年度以降は提案できないように、また、3年続けて支持が30%を下回った提案も同様とする」[23]。

声高な改革論に押されて、「触らぬ神に祟りなし」と沈黙してはいるものの、多くの大企業経営者は、内心ではストライン長官の以下の主張[24]と同様に考えているに違いない。

経営者に儲かるビジネスプランを発展させ実現するという本来の仕事を行うため、息つく暇を与えることが、ほとんどの普通の株主にとって大きな価値があることに思える。

ストラインの考え方は、市場メカニズム重視の経済学的思考、いわゆる「法と経済学」が実務や研究に深く浸透した米国会社法の世界では、決して珍しくない。ただし、ストラインは株主利益最大化至上論者ではなく、取締役が幅広い裁量のもと、最終的には株主の利益になるよう、他のステークホルダーの利益も考慮しながら会社を経営するというのが、伝統的な会社法のあり方だとしている[25]。直接民主制ではなく、定期的な選挙で責任を問われる政治家に大幅な権限を与える代表（間接）民主制に相当する、彼の表現を用いれば「共和制モデル」（republican model）である[26]。

ストラインら伝統主義者の考え方に対して、様々な見当違いのレッテルを貼って切り捨てることは容易である。しかし、それによって、彼らの指摘する改革推進論の問題点が消えてなくなるわけではない。イデオロギーに基づく運動ではなく、理性的議論を行うには、多くの実証研究に支えられた伝統主義者の主張のどこが間違っているのか、客観的証拠に基づいて指摘することが求められる。

そもそも、経営者の業績を厳しくチェックせよと主張する改革論者は、なぜか機関投資家のパフォーマンスにはあまり触れたがらないようだ。実は、第9章で述べたとおり、ファイナンス実証研究者の間では、プロの業績に関するコンセンサスが存在する。それは世にも珍しい、プロが素人以下という投資の世界の実情である。

機関投資家とは自らの資産ではなく、本源的投資家の資金を運用する点で企業経営者と変わりない。したがって、ストラインが指摘するように、「最終的受益者は別の段階におけるコーポレートガバナンスの仕組みに依存している」にもかかわらず、「そこでは富を作り出す企業の経営者を抑える保護に比べ、はるかに乏しい保護しか行われていない[27]」。

今後、米国での経験を他山の石として、真剣に検討すべき課題は、本源的投資家が食い物にされないよう、第9章で指摘した平均的には付加価値マイナスの機関投資家をいかに監視するかである。なお、米国では2020年7月に議決権行使助言会社に対する規制導入が決まり、2022年から適用が始まる[28]。日本でも、助言会社に上場会社の模範となるような徹底的な情報開示を求めるとともに、助言を利用する機関投資家にも議決権行使に至る過程を開示させなければ、上場会社への開示要求とバランスがとれない。「レベル・プレイング・フィールド」（競争上の公平性）の確保は市場の大原則ではないでしょうか、市場関係者の皆さん。

個人株主育成論のまやかし

機関投資家など当てにならないし、当てにすべきでもないとすれば、個人は自分で直接株式投資すべきなのか。実際、個人株主育成論は経済メディアの定番トピックであり、市場関係者の間で評価の

高い「伊藤レポート」にはこうある。(29)

株式市場の長期投資促進のためには、長期視野の個人投資家の育成・促進も重要である。特に重点となるのは、これまで預貯金のみで金融資産を形成してきた個人であろう。…そういった預貯金しか知らない個人が、真っさらのまま本格的な長期投資の良さと利点を覚えることで、まったく新しい個人投資家層を形成していくことができる。すなわち、企業を長期的に応援する個人株主を育成すべきである。

確かに、国民全体でみれば、家計の金融資産に占める株式の比率は日米で大きく違う。日銀が年１回公表する「資金循環の日米欧比較」の最新版(30)によれば、株式の比率は、米国が33％なのに対し、日本は10％で、３分の１の水準である。(31)しかし、いずれの国においても、資産保有には大きな格差が存在する。したがって、平均値で議論することには危険が伴う。資産保有の偏りが顕著な米国と、それほどでもない日本を比較する場合は、とりわけ注意が必要である。

個人株主育成論者がモデルとする米国で、本当に一般国民に株式保有が普及しているかどうか、２０１９年のデータ(32)で確認してみよう。

まず、実物（不動産等）金融両方合わせた資産、正確には負債をネットした純資産の平均値は38万ドル（41百万円、１ドル＝１１０円で換算、以下同じ）、国民全体をマス層に相当する下位90％と広い意味での富裕層に相当する上位10％に大別すると、下位90％は12万ドル(33)（13百万円）、上位10％は２７０万ドル（３億円）となっている。

全体の上位10％が資産全体に占めるシェアは72％―上位１％で35％、上位０・１％で18％、上位０・０１％

で9%―なので、下位90%マス層のシェアは28%となる。しかも、マス層の場合、資産の大半が年金資産と不動産（自宅）なので、株式その他の金融資産のシェアはさらに低い。投資信託を通じた保有分も含め株式は全体の11%、現預金・債券など株式以外の金融資産に至っては、負債のほうが大きいため、マイナス11%である。[34] 金融負債に住宅ローン[35]は含まれないので、ローンゆえ株式以外の金融資産がネットでマイナスになっているわけではない。米国マス層は全体として、自転車操業状態[36]にあり、株式保有が普及しているといっても、全体の1割、しかも、借金で株式を買うという危険な状態にある。株式に預金・債券などを加えた金融資産全体でみると、富裕層のシェアは98%、マス層のシェアはわずか2%[37]である。

金融資産の98%、株式の9割を保有する富裕層（上位10%）の株式保有状況をさらに細分すると、トップ1%（平均金融資産8百万ドル、9億円）で3分の2、トップ0・1%（50百万ドル、55億円）で4割、トップ0・01%（3億ドル、3百億円）だけで4分の1に達する。要するに、日本と違って、株式が資産保有で大きな位置を占める米国の状況は、米国民というより、ひと握りの大金持ちの資産保有を反映しているにすぎない。

一方、日本の純金融資産分布状況[38]は、全世帯の8割を占める純金融資産3千万円未満のマス層のシェアが4割、5千万円未満のアッパーマス層を加えると全世帯の下位9割が6割を保有している。超富裕層とされるトップ0・2%（平均資産11億円）のシェアはわずか6%しかない。

国民全体でみた日米の家計資産保有状況の著しい違いは、大ざっぱにいって、資産分布の偏りの違いを反映したものと考えられる。資産といっても自宅不動産が大宗を占めるマス層にとって、流動性を確保するため、金融資産は預貯金が中心とならざるを得ない。一方、大金持ちにとって、資産の大半は余裕資金なので、ハイリスク・ハイリターンの金融商品である株式の比率が高くなる。

日本のように富裕層といってもマス層の延長の小金持ちが中心の社会では、個人の株式保有が米国のような水準になることは不可能であり、むしろ、全体としてみた日本の個人株式保有比率の低さは、極端な資産保有格差がないことの反映であって、望ましい状況ともいえる。それとも、個人株主育成論者は、現状でも格差拡大を憂える声が大きい日本で、市場競争における優勝劣敗を通じた資産保有のさらなる米国化を求めるのが真意なのだろうか。

ストックオプションは外れなしの宝くじ

第10章で、株価連動報酬が必ずしも株主利益最大化につながらない理論的可能性を示した。一方、「コーポレートガバナンス・コード」は、「中長期的な会社の業績や潜在的リスクを反映させ、健全な企業家精神の発揮に資するようなインセンティブ付けを行う」方法として、自社株報酬すなわちストックオプション(39)を推奨している。本当のところはどうなのか。

２０１９年の米国トップ３５０社ＣＥＯの平均報酬21百万ドル（23億円(40)）に対し、２０２０年の日本のトップ企業社長報酬は「わずか」１億円(41)。この差をもたらしているのが、ストックオプションである。しかし、経営者報酬が低水準なのは投資家にとって、必ずしも悪い話ではない。経営サービスを安く購入できるのだから、むしろ朗報かもしれない。ただし、「安かろう悪かろう」では、「安物買いの銭失い」になってしまう。

欧米企業経営者の高報酬が高い生産性を反映しているのであれば問題ない。しかし、ストックオプションの実務慣行は、経済合理性の観点から正当化するのは難しい。筆者のようなサラリーマン出世競争からの落伍者が言うと僻みに聞こえるのは致し方ないけれど、インセンティブ研究の大家でノーベル賞受賞者のジョセフ・スティグリッツもそう主張しているのだ(42)。

株価は個別企業経営者の裁量の余地を超えた市場全体の要因に大きく左右される。したがって、経営者の業績は、当該企業株価の絶対額変動ではなく、市場全体の動きと比較した相対的変動で評価すべきである。たとえば、市場全体の株価水準が2倍になれば、個別株価が2倍になっても月並み、１・５倍なら経営者の手腕に疑問符が付く一方、市場の水準が半分になったなかで、個別株価の下落が2割に留まれば、経営者は評価されるべきであろう。ところが、ストックオプションを用いた業績連動報酬制度は、たいてい個別株価の絶対額ベースで設計されている。ひょっとして、ストックオプションというのは外れなしの宝くじではないのかという疑問が浮かび上がる。

経営者報酬と企業業績に関する実証研究をみてみると、その多くで両者の間には負の相関があるか無関係という結果が得られている。たとえば、米国上場企業22年間のデータ（Ｓ＆Ｐ１５００、１９９４～２０１５年）に基づく実証研究は、経営者インセンティブ報酬は将来株価・業績（ＲＯＡ）には負の相関があること、経営者の過信が過大投資やＭ＆Ａにつながっていることを示している。ＣＥＯ報酬最上位１割の高報酬企業と最下位１割の低報酬企業の株価リターンを比べると、低報酬企業のほうが年率４％高くなっている(43)。

企業トップの役割を過大視しすぎる昨今の傾向に警鐘を鳴らすマイケル・ドーフは、業績連動報酬は企業経営のような高度な知的能力が必要な仕事（high-level cognitive tasks）から内的動機を奪い、パフォーマンスを低下させるだけでなく、そもそもＣＥＯの企業業績への影響はゼロに近いことを指

摘している。(44)

こうした否定的実証結果にもかかわらずストックオプションが多用されるのは、他社も行っているからとしか説明できない。

図表11・1　米国CEO・労働者報酬と株価

（実質値；1973年＝100）

年	CEO報酬	労働者報酬	S&P500	CEO・労働者報酬比
1965	77	85	113	21
1973	100	100	100	23
1978	137	102	63	31
1989	255	97	116	61
2000	1,786	103	384	366
2009	846	111	204	178
2019	1,735	116	526	320

さらに、経営者報酬を議論する際にあまり言及されないものの、米国で報酬が高くなったのは比較的最近の現象である。それを示したのが**図表11・1**である。(45) ここでは名目金額ではなく、物価水準の変動を調整した実質値を用いて、１９７３年を基準（＝１００）として指標を作成した。

米国ＣＥＯの報酬は１９７０年代後半まで、労働者報酬（賃金）の20～30倍程度で、現在の日本と同程度の時代が長かったことがわかる。ところが、１９８９年に61倍に跳ね上がり、ピークの２０００年には３６６倍に達し、金融危機で２００９年に１７８倍まで低下したのち、喉元過ぎれば熱さを忘れるとばかりに、２０１９年には３２０倍まで「回復」した。１９７３年から２０１９年まで46年間の実質値推移をみると、ＣＥＯ報酬は17倍になったのに対し、労働者報酬はほぼ横ばいの１・１６倍、株価指数（Ｓ＆Ｐ５００）も5倍になっただけである。

半世紀近く労働者の賃金が足踏みを続けるなか、企業価値を反映するはずの株価を大幅に上回るほど、特に20世紀最後の10年間で急激に経営者の生産性が向上したのだろうか。経営者報酬の暴騰は冷戦終結とほぼ時を同じくしている。建前だけとはいえ労働者の祖国を自負していたソ連崩壊で、米国経営者の利己心を抑制していたタガが外れたというのは、意地が悪すぎる見方だろうか。

筆者には、日本の企業経営者の低い、といってもソ連が健在だった一世代前までの米国の水準に相当する報酬のほうがまともにみえる。

コーポレートガバナンス「改革」に水素水なみの懐疑を

企業の健康改善を旗印にコーポレートガバナンス改革論者が推進する国家公認療法の健康効果は、実証されていないどころか、副作用だけの害毒の可能性すら存在する。しかし、水素水に対する専門家の実験に基づいた懐疑的対応とは対照的に、残念ながら市場の「有識者」は、驚くほど実証結果に興味がないようだ。むしろ実証結果をあざ笑うかのように、2021年改訂で、社外取締役の比率を3分の1以上にすることを求めるなど、さらなる強化が進行中である。

水素水とは比較にならない大きな影響を社会に及ぼすコーポレートガバナンス「改革」における実証研究への無関心な態度をみると、「有識者」は市場社会の医者ではなく、コーポレートガバナンス教の司祭あるいは祈祷師ということなのかもしれない。信じる者は救われる⁉

第12章　起業家精神に不可欠な無知

驚きのない、聖人の世界が理想？

出版不況といいながら、いわゆる実務書は別にして、一体誰が読むのか、世にビジネス書が溢れている。玉石混交のこのジャンルの書籍で、定番のテーマといえるのが起業家精神（アントレプレナーシップ：entrepreneurship）である。

今までの常識を覆し、革新的製品・サービスを提供することで利益を上げる起業家（アントレプレナー：entrepreneur）は、資金提供者としての資本家とは異なる。したがって、自分で会社を起こさねば、ここでいう起業家になれないわけではない。確立した大企業の経営者であっても、起業家になりうる。むしろ、すべての企業経営者に期待されているのが、この起業家精神であろう。上場企業の株主というのは、要するにカネを提供するしか能がない人たちなのである(1)。企業の成功は、自らが出資するか否かにかかわらず、経営者の双肩にかかっているのだ。

ところが、日本の会計学界でも盛んになりつつあるエージェンシー理論が想定する世界には、経営者というより、「管理者」とでも訳すべきマネージャー（manager）はいても、起業家はいない。そこには、起業家精神を発揮するには不可欠な要素である、誰も想像できなかった驚きが存在しない。

確かに、エージェンシー理論には不確実性と情報の非対称性は存在する。ただし、そこでいう不確実性は、既知の確率分布に従って結果が生じることはわかっているけれども、事前にはどの結果が出るかまではわからないということを指している。したがって、どの結果が出ても、一定の確率で生じることが起こっただけ、ある意味予想どおりであって、誰も驚かない。

情報の非対称性がもたらす非効率にも、驚きの要素は一切存在しない。起業家の要素を全く含まない経営者が実際にどの程度努力するかを直接確認できないという意味で、情報の非対称性は存在する。ただし、結果を生みだす確率分布がエージェントである経営者の努力に応じてどう変わるか、プリンシパルである株主は知っている。それがエージェンシー理論の仮定である。

もちろん、労働は不効用すなわち苦痛をもたらすという前提のもと、人の見ていないところではエージェントがサボろうとすることも、何ら道徳的非難の意味を込めることなく、モラルハザードとして、理論に組み込まれている。

要するに、資金提供者であるプリンシパルはすべてお見通しのうえ、コストとベネフィットを勘案しながら、自らの利益が最大になるよう契約を取り決め、エージェントに業務を請け負ってもらうのである。

その結果得られる解が「セカンド・ベスト」と呼ばれ、エージェントが与えられた管理業務に全力投球すれば得られる、プリンシパルにとってのファースト・ベスト解は得られない。なぜなら、エージェントはばれない範囲で最大限サボろうとするから。エージェンシー理論では、経営者に限らず誰であっても、自らの利益最大化を目指すことが大前提なので、当然の結論である。我々は涅槃ではなく、浮世に生きているのだ。

昨今のコーポレートガバナンス改革論は、エージェンシー理論と同じく、不確実性下の情報の非対称性という発想に立ちつつ、エージェントである経営者に本来の使命である涅槃のファースト・ベストを実現させることを目指しているようにみえる。しかし、社外取締役等、別のエージェントを導入しても解決策とはならない。そのモラルハザードをどう防ぐかという問題は残ったままである。残念ながら、コーポレートガバナンス改革論には、こうした問題意識が感じられない。いや、大人の事情でわざと知らんぷりしているだけかな。

とはいえ、エージェンシー理論やコーポレートガバナンス改革論は、経営者が株主に与えられた業務に全身全霊で取り組めば、株主価値最大化が実現するという前提に立っている。経営者が私心なく株主に尽くす聖人であれば、浮世でも涅槃のファースト・ベスト解が得られるという主張だともいえる。

しかしながら、こうした経営者のインセンティブや利己的動機のみを重視する考え方では、起業家精神ひいては市場社会のダイナミズムは理解できない。

意図しない結果の学としての経済学

複雑な世の中を生き抜くうえで、簡便な経験則あるいは知恵（heuristic）は役に立つ。洋の東西を問わず、他人の行動の是非を動機や意図から推察することも、有用な経験則の1つである。何か尋常でない事件が起こった場合、犯行の動機の解明に大きな関心が払われるのも、行動の背後にある動機を知ることが、なぜそのような事件が起きたかを知るカギになると考えられているからであろう。その際、暗黙のうちに想定されているのは、良い結果は良い意図から、悪い結果は悪い意図から生じるという、「自明な」因果関係である。

確かに、我々が日常生活を送って行くうえで避けて通れない対人関係において、相手の意図や動機はたいてい結果に直接つながっている。他人の心の中は直接観察できないものの、「あの人はいい人」、「あの人は油断ならない」という人物評は、同僚、友人あるいは家族の間の会話にしばしば登場する。実際、日々の行動から、相手の意図や動機を推察して付き合っていれば、ほぼ間違いない。

さらに、日常生活から遠い問題、たとえば外交や防衛に関する、識者とされる人たちの議論を聞いていても、意図と結果を直結させる経験則に基づいた意見に出くわすことが多い。自らの「正しい」主張に反対し、逆に悪い結果につながることが確実に思える政策を主張する政治家に対しては、利権を死守しようとしている等々、その裏に隠された「邪な」動機や意図（とされるもの）が大々的に批判される。

正しいあるいは良い結果をもたらす政策が存在するのに、それに反する主張をするのは、腹黒い意図があるからに決まっている。コーポレートガバナンスをめぐる議論においても、改革論に懐疑的な意見を述べようものなら、無視されるか、はたまた守旧派経営者の既得権益を擁護する同じ穴の貉《むじな》として批判されることを覚悟せねばならない。

日常の対人関係のみならず、刑事司法でも政策論議でも、「意図した結果」（intended consequences）という観点から事象を判断することは、あたかも自明の理となっている。

しかし、経済学とはこの常識に挑戦する、「意図しない結果」（unintended consequences）の学問という側面を持っている。というより、この常識とは相いれない結論を導くところに、経済学の面白さがあるといってもよい。

アダム・スミスを「経済学の父」とする通説には、19世紀以降、世界秩序の覇権を握った英米の身びいきの感があるものの、スミスが偉大な経済学者であることに変わりはない。(2) その『国富論』に次の有名な一節がある。(3)

> われわれが自分たちの食事をとるのは、肉屋や酒屋やパン屋の博愛心によるのではなくて、かれら自身の利害にたいするかれらの関心による。われわれが呼びかけるのは、かれらの博愛的な感情にたいしてではなく、かれらの自愛心《セルフ・ラヴ》にたいしてであり、われわれがかれらに語るのは、われわれ自身の必要についてではなく、かれらの利益についてである。同胞市民の博愛心に主としてたよろうとするのは、乞食《こじき》をおいてほかにはいない。乞食ですら、それにすっかりたよることはしない。

「博愛的な感情」という良い動機ではなく、「自愛心」すなわち私益の追求という悪い動機が、物的豊かさという良い結果をもたらす。もっとシニカルに表現すれば、『国富論』より半世紀以上前に出版されたバーナード・マンデヴィルの『蜂の寓話』の副題にあるとおり、「私悪すなわち公益」(private vices, public benefits) である。だからこそ、目的に沿った適切なインセンティブづけが重要だというのが、エージェンシー理論の背後にある問題意識であり、さらにいえば新古典派経済学主流の基本的発想である。

悪い動機より無知の重要性

しかし、気鋭の政治学者ジェフリー・フリードマン(4)が指摘しているように、ルートヴィヒ・ミーゼスやハイエクら、いわゆるオーストリア学派は、意図しない結果をインセンティブづけの問題に帰着させる主流派経済学者に異議を唱えた。

オーストリア学派は、マンデヴィル - スミスの逆説『私悪すなわち公益』を、認識を論点とする方向に展開することで、真に洗練された経済学を構築した。それにひきかえ、この逆説に対する主流派経済学者の理解は直訳的であって、マンデヴィルの**悪い**（利己的）動機で十分と公言する風刺的目的の範囲を一歩も出ていない。そこに留まってしまうことは、オーストリア学派の観点からみれば、究極的には悪徳（vice）ではなく、無知（ignorance）の問題であることを矮小化することになる。

適切なインセンティブを与えられれば、個々人が博愛心ではなく自愛心に基づいて行動していても、市場という見えざる手によって社会全体では調和と繁栄が得られるというメッセージを読み取るだけでは、スミスやマンデヴィルの画期的業績を十分理解したことにならない。私悪から公益という意図しない結果が生じるように、個人の善意が社会全体の害になるという意図しない結果をもたらす場合もある。どのような動機に基づくものであれ、結果を事前に見通すことができないという我々の無知にどう対処するか。オーストリア学派は動機よりも認識の問題に目を向ける。

ハイエク自身、「今日の言葉によるアダム・スミスのメッセージ」と題された晩年の論文で、昔々の身近な人々だけからなる社会から引き継がれて来た「本能は、知り合いたち（聖書でいう『隣人』）に対して明白に良いことを行うよう要求する」。しかし、「この『社会正義』への要求すなわち先祖帰り（atavism）は、今日の開かれた社会とは相いれない」と記している。(5)

要するに、良い結果を得るために悪い動機で十分な場合があるのみならず、良い結果を得るために良い動機では十分でないことをオーストリア学派は強調する。良い動機は必要条件でも十分条件でもない。意図しない結果のなかには、悪い動機なのに良い結果もあれば、良い動機なのに悪い結果もあるのだ。

にもかかわらず、自らの利益優先という経営者の悪い動機ゆえ、株主価値最大化という本来の使命がなおざりにされているとするコーポレートガバナンス改革論や、ファースト・ベスト解が得られないというエージェンシー理論は、スミス以前に先祖帰りしているともいえる。

経営者が株主の期待を裏切った場合、原因は経営者の悪い動機だけではない。「私悪すなわち公益」となるよう、経営者にインセンティブを与えることが重要なのは確かだとしても、そこに注意を集中してしまうと、市場社会における経営者のあり方を理解するうえで、大事なものが抜け落ちてしまう。

株主が自らの利益最大化に完全に沿って経営者が行動するようなインセンティブ設計に成功しても、あるいは自分の利益を犠牲にしても株主に尽くす聖人経営者を見つけることができたとしても、問題は解決しない。エージェンシー理論もコーポレートガバナンス改革論も、道徳的意味を込めるか否かにかかわらず、経営者のモラルハザードすなわちインセンティブの問題にとらわれすぎている。問題は経営者のモラルハザードというより、経営者の誤った認識であり無知なのである。

誤解を避けるために強調しておきたいのは、認識の誤りや無知は非合理性（irrationality）を意味しないことである。フリードマンは、２００８年以降に深刻化した金融危機を例に、こう述べる(6)。

もし経済学がいかにも信じがたい心理学の一種に堕することを避けたいのであれば、（根源的）無知を明示的に取り入れることが、２００８年に先立つ数年間に生じたような、広範な**誤り**を解明するだろう唯一の選択肢に思える。

個人の合理性を偏重する主流派経済学では現実を説明できないとして、行動経済学者は非合理性を強調する。経済学の心理学化である。しかし、非合理性というのは、合理的に考えれば到達可能な正しい選択肢があるのに、合理的認識や推論を妨げる心理的要因により、あえて不利な選択をしてしまうことを指す。

しかし、ここでいう無知は、当事者であれ第三者であれ、事前にはすべてを見通すことができないことを意味する。結果的に誤った認識、推論あるいは両方を行っていたとしても、事前にそれが誤りであることは、誰もわからないのである。無知は非合理な（irrational）心理の問題ではなく、誤りを免れない（fallible）認識の問題なのだ。

エージェンシー理論ひいては主流派経済学においては、すでに述べたとおり、起業家精神を発揮するために不可欠な要素、すなわち事前には誰も想像できなかった驚きが存在しない。エージェンシー理論にいう不確実性とは、結果が確定的ではなく一定の確率分布に従うことを指し、プリンシパルである株主もエージェントである経営者も、その確率分布を知っている。そこには、オーストリア学派がいう無知、「自分が何を知らないかということすら知らない」（we don't know what we don't know）[7]という「根源的無知」（radical ignorance）[8]あるいは「全くの無知」（sheer ignorance）[9]は存在しない[10]。一方、起業家とは自分以外誰も想像しなかった発想で利益を実現しようとする人たちであって、彼らこそ、無知のなかで行わざるを得ない経済活動の中心人物である。

無知を中心概念として、「マンデヴィル‐スミスの逆説『私悪すなわち公益』を、認識を論点とする方向に展開」したオーストリア学派の経済理論は、会計研究にも大きなヒントを与える。会計学とは測定の学であり、測定とは認識なのだから。

ところで、オーストリア学派が強調する無知とは、いったい何に対する無知なのか。第13章では、無知のなかでこそ発揮される起業家精神を根底から支える会計の決定的重要性について述べることとしたい。

第5部
利益最大化企業は必ず倒産する

第13章　根源的無知のもとでの仮説検定

The future is unknowable, though not unimaginable.

Ludwig Lachmann

第14章　たかが会計，されど会計

Welche Vorteile gewährt die doppelte Buchhaltung dem Kaufmanne!

Johann Wolfgang von Goethe

第15章　大事なのは最大化それとも予算制約？

Irrational firms would often be "forced" into rational market responses.

Gary Becker

第16章　利益最大化と共に去りぬ

As time goes on, the relative frequency of profit maximizing firms becomes negligible.

Roy Radner

第13章　根源的無知のもとでの仮説検定

市場における仮説の検証と起業家精神

企業活動とは間断なき仮説の提示と検証の日々である。そして，利益の多寡というかたちで，客観的に仮説の正否を示してくれるのが，移り気で冷酷な消費者という市場の主権者なのだ。

経営者，それも管理者ではなく起業家としての役目とは，煎じ詰めれば，正しい仮説すなわち儲かる計画を立案し実行することである。とはいえ，言うは易く行うは難し。一般論としてはともかく，実際にはどのようにすればよいのか。

セブン&アイ・ホールディングスの鈴木敏文元会長は，「常に仮説 時代にぶつける」と題された『日本経済新聞』のインタビュー記事(1)で，「革新を生み続ける秘密は何か」という問いに次のように答えている。

難しいことじゃない。世の中の変化を見続けてきたということ。変化の時はやり方さえ変えればチャンスですよ。…

僕は他のお店を見て歩いたりしません。今は人気商品もパッと消える。昔は売れている店を参考にしてもよかったけど今は見ても仕方がない。それだけ変化が激しい。

ＰＯＳ（販売時点情報管理）データを初めてマーケティングに使ったのはセブンだ。…我々は（一つひとつの商品の販売動向を調べる）単品管理に使った。最初から売れたわけじゃない。仮説を立て、試行錯誤を繰り返したんです。

最近ビッグデータの活用が指摘されるけど、大きな変化に対応するのは難しいんじゃないか。大切なのは仮説と検証だ。データは単なる結果でしょ。仮説を検証するための道具でしかない。

偉そうなことがいえる立場ではないけれども、さすが日本を代表する経営者、その発言にはいちいち感心させられる。

しかし、この仮説検証経営は、主流派経済学とそれに依拠するエージェンシー理論の基本的発想と相いれない。経済学で議論される不確実性とは、通常、結果が事前にはわからないものの、一定の確率分布に従っている場合を指し、しかも、その分布を株主や経営者など当事者が知っていることが仮定されている。

一方、鈴木元会長のいう「世の中の変化」というのは、事前には誰も想像もしなかった驚きに満ちていることが前提となっている。だからこそ、他の売れている店を「見ても仕方がない」し、ビッグデータを活用したところで「大きな変化に対応するのは難しい」。要するに、仮説を作るうえで、過去のデータはたいして当てにならない。

起業家たる経営者というのは、第12章で紹介した現代オーストリア学派がいう無知、「自分が何を知らないかということすら知らない」状態にあるのだ。鈴木元会長とて例外ではない。この誰もが認める商売の神様ですら、自分がクーデターで会社を追われることは想定できなかったのである。(2)

企業経営においてデータは「仮説を検証するための道具でしかな」く、「大切なのは仮説と検証だ」としても、どうやって仮説を構築すればよいのか。それこそまさに経営者の腕の見せ所である。今までの常識を覆し、自分以外誰も想像しなかったアイデアに基づき革新的製品・サービスを提供することで利益を上げる起業家こそ無知のなかでの経済活動の中心人物である。起業家精神と根源的無知はまさに表裏一体の関係にある。

発見の手続としての市場競争

経営者は新製品・サービスという仮説を提示し、市場での購買行動というかたちで消費者による検証を受ける。一方、会計実証研究者は提示した仮説をデータで検証する。仮説の提示と検証がカギとなる点で、起業家精神に基づく企業経営と科学化した会計研究の華である実証分析は、よく似た性格を持つ。会計実証研究者は一種の起業家ともいえる。

とはいえ、同じ仮説と検証という作業であっても、経営者と研究者に求められているものが全く同じというわけではない。

会計に限らず、実証研究を行うにあたり、データに一定のパターンを見出すだけの占星術レベルの「科学性」で満足するのでないかぎり、研究者にはパターンの背後にある因果的理論を構築することが求められている。

それに対し、利益を上げることが目的である経営者にとって、仮にある製品・サービスが爆発的に売れた、つまり仮説が正しかった場合、その理由がわからなくても、あるいはその理由を間違って理解していても、唯一重要なのは成功した、すなわち儲かったという事実だけといってよい。モデルの微調整で、たいていの場合、言い逃れが可能な実証研究者[3]と異なり、経営者の間違った仮説は、提供された製品・サービスを購入しないというかたちで、消費者がはっきりと反証してくれる。

たとえば、繁盛しているレストランがあり、その成功の理由は従来にない斬新なレイアウトに基づく店内の雰囲気にあったとしよう[4]。ところが、畑違いの分野から進出した起業家であるオーナーは、成功の理由を従来の常識を打ち破る革新的料理にあると誤解していた。そこでこの（間違った）料理仮説に基づき、オーナーは、さらに利益を上げるべく、客席を増やすために改装する。しかし、その結果、店内の雰囲気は平凡なものになってしまって、客足は遠のき、レストランは閉鎖に追い込まれる。オーナーの料理仮説は、消費者の購買行動というデータによって反証されたのである。

ただし、オーナーも含め、誰もなぜ料理仮説が間違っていたのか理解する必要はない。市場競争においては、買わないという消費者の行動で仮説が反証されたという事実だけが重要なのである。そもそも消費者に求められているのは、気に入らなければ買わないこと、アルバート・ハーシュマンのいう「退出」（exit）[5]だけである。

政治上の意思決定、たとえば主権者（の1人）として外交政策や金融政策の良し悪しを判断する場合と比べて、市場での購買行動における認識上の負荷は極めて小さい。根源的無知は、デモクラシーにとっては深刻な問題であっても、市場取引の場では、欲しくないものは買わないという、単純かつ賢明な判断をするうえで、何ら障害にならない。

第12章で指摘したとおり、市場経済という仕組みの有効性は、通常強調されるインセンティブの問題の解決だけにあるのではない。会計研究で流行りのエージェンシー理論にせよ、巷で話題のコーポレートガバナンス改革論にせよ、我々はある意味、利己心のもたらす害悪を重視しすぎている。経済事象にとどまらず、我々にとってより重要な課題は、人間の限られた認識能力にいかに対処するかなのだ。

ハイエクは市場メカニズムにおける価格の役割について、次のように述べる。[6]

この点に関して、「インセンティブ」という言葉は、主たる問題が人々を十分に努力するよう仕向けることであるかのように、しばしば幾分誤解を招く意味合いで用いられる。しかしながら、価格が主として提供するのは、いかに行動すべきかというより、何をすべきかに対する指針（guidance）なのだ。

市場競争の意義は、怠ける経営者に利益最大化を強いるというより、根源的無知のもとで、経営者が利益を上げるための「発見の手続」（discovery procedure）[7]として機能する点にある。「ハイエクが明らかにした市場の成功の秘密、それは市場が課す道徳上の要求水準が低いことではなく、認識上の要求水準が低いことである[8]」。

利に敏いことは成功の秘訣にあらず

ハイエクがいうように、市場競争とは発見の手続であり、「自分が何を知らないかということすら知らない」という、主流派経済学の枠組みには存在しない我々の根源的無知ゆえ、市場競争に存在意義が生ずる。[9]

競争を用いることが合理的に正当化できるとすれば、それは競争者の行動を左右する事実を我々が事前には知らないからだ。…もし誰がベストなのか事前にわかっているのならば、競争させることが無意味なのは明らかである。

要するにやってみるまでわからないから、競争する意味がある。上記論文でハイエクも言及しているレオポルド・ヴィーゼの表現[10]を借りれば、「実験原理とは競争原理に他ならない」のであって、市場競争とは予想がつかない実験である。別の角度からいえば、根源的無知のもとでは、起業家たる経営者がどれだけ過去に成功を重ねてきていても、その仮説が次の機会も確実に正しいとは限らないし、正しい確率が高いとすらいえない。

したがって、現状が市場均衡から乖離していたとしても、むしろそれが商機となり、利に敏い(alert) 起業家が乗り出してくるので、市場は均衡に向かう傾向があるという議論は必ずしも正しいとはいえない[11]。起業家精神は市場の自動安定化装置として機能するとは限らない。そもそも、我々は、現状が自ら想定するモデルの均衡かどうかもわからないのである。

何度も繰り返し強調しているように、問題はインセンティブ、すなわち儲けようというモチベーションの有無ではない。経営者が「成功するよう動機づけられているからといって、成功が保証されているわけではない。将来の動向を単に誤って判断するだけかもしれないのである[12]」。

だとすれば、根源的無知は我々の経済活動をカオスに陥れるのであろうか。幸いなことに、市場メカニズム自体が、起業家や消費者といった当事者の無知をものともしない、正しい仮説と間違った仮説を「無意識のうちにシステム上でふるい分ける」(unconscious, systemic screening)[13]自動安定化装置なのだ。ミーゼスはこう述べている[14]。

人間は間違うものであり、経営者は当然ながらこの人間の弱さから免れることはできない。しかし、忘れてはならないのは、市場では選択の過程が絶えず継続していることである。そこでは、より非効率な起業家、すなわち将来における消費者の需要を正しく見通すという試みに失敗した人々を取り除くという不断の傾向が支配している。

起業家が熟慮のうえで提示しようと、はたまた第六感や神のお告げに頼って提示しようと、仮説つまり市場に提供した製品・サービスを消費者が購買行動で検証し、結果的に正しい仮説を提示した起業家が生き残り、間違った仮説を提示した起業家は淘汰される。

仮説を検証する主権者である消費者が、このふるい分けを行うために要求される認識上の負荷はほとんどゼロ。気に入れば買う、気に入らなければ買わないという、それこそ子供でもできる判断だけである。消費者はその判断の理由を説明する必要はないし、そもそも理由が自分でもわからなくても問題ない。

実は、仮説を提示する起業家も同じことである。セブン&アイの話に戻れば、その成功の理由が、鈴木元会長が驚くほど先が読めるからなのか、それとも驚くほど運が良かっただけなのか、市場競争においては、ある意味どうでもよいことである。そもそもご本人が自らの成功の理由を正しく理解している必要すらない。理由はなんであれ、提示された仮説すなわち製品・サービスが、消費者の購買行動という検証にパスしたこと、市場に選ばれたということがすべてである。

要するに、根源的無知を前提とする「市場の仮説検定論」というのは、システムあるいは環境が適者を選択するという市場の進化論なのだ[15]。

ただし、進化論的発想を企業行動に用いる場合には、生物の自然淘汰の過程には不要な、重要な前提条件がある。第14章では、この前提条件である、市場の進化論を支える会計の役割について述べる。

第14章　たかが会計、されど会計

慣れはおそろしい

人間生きていくうえで、何事も慣れというか、ほとんどの行動が何度も繰り返してきた決まりきった日課の連続である。朝起きてから夜寝るまで、自らの行動の意味や意義をいちいち考えて、新たな可能性を追求して生きている人などまずいない。たとえそういう人がいたとしても、精神的におかしくなってしまうに違いない。

世の中、筆者も含めて大半の人は、それぞれのルーティンワークに追われ、たいして考えることもなく、毎日機械的に人生を送っている。にもかかわらず、日本を含む今日の先進国の庶民生活は、かつての王侯貴族も夢想だにしなかったレベルに達している。「ウサギ小屋」並みの狭さでも、ヴェルサイユ宮殿と違って家の中は、夏は冷房、冬は暖房が効いており、食卓には地球のあらゆるところから取り寄せられた食材が並ぶ。

『プリンキピア・マテマティカ』の共著者(1)で論理というものをとことんまで考え抜いたアルフレッド・ホワイトヘッドはこう述べている(2)。

すべての習字帖や著名な人物の講演で繰り返される、我々は自分が行うことについて考える習慣を身につけねばならないという決まり文句は、全くの誤りである。むしろその逆が正しい。文明とは、それについて考えることなしに行える重要な作業の数を増やすことによって進歩するのだ。

我々の経済的繁栄と快適な生活を支えているのは慣れであり、つまらない作業、ルーティンワークなのである。

会計はつまらない

米国に見習えとばかりに、昨今、日本でも会計研究の科学化が進行中である。とはいえ、会計が知的探求の対象として人気があるとは、お世辞にもいえない。別に日本に限った話ではなく、米国でも、学問としての会計の中核を担う人材、具体的には博士課程修了者（Ph.D.）不足が深刻な問題といわれて久しい(3)。

一方、大学の大衆化が進み、伝統的な意味での学問に全く無関心な学生が増えたものの、本当かどうかはともかく実務に役立つとされる会計、というより簿記教育には、ありがたいことに一定の需要がある。旧制高校伝来の独仏語を中心とした教養としての第二外国語が死滅しつつあることと比べれば、実務科目としての会計は恵まれているというべきだろう。

要するに、ある程度の簿記の知識は常識として身につけねばならないにしても、「たかが会計」、男子にせよ女子にせよ一生の仕事にあらずということで、公認会計士志望者等の簿記オタクを除けば、会計への関心は通り一遍の域を出ない。つまらないし、掘り下げるほどの深みもない、というのが大方の受け止め方であろう。

残念ながら、学問としては数学や自然科学はもちろんのこと、経済学にも到底及ばない存在とみられていることは否定できない。実際、19世紀ドイツの大学をモデルに創設され、各分野で日本の研究をリードする東大をはじめとする旧帝大では、当時のドイツの伝統を受け継ぎ、学問としての会計が重視されてきたとはいいがたい。

日本の会計学者もしばしば引用する、複式簿記は「人間の精神が生んだ最高の発明の1つ(4)」というヨハン・ゲーテの表現について、現代オーストリア学派の始祖ミーゼスは、次のように述べている。(5)

これはゲーテだからいえる言葉である。というのは、ゲーテは三文文士（die kleinen Literaten）が常に実業家に対して抱く妬みから自由だからだ。こうした小物たちの合唱は、金銭の計算と管理を地上に存在する最も恥ずべきことだと、飽きもせず繰り返す。

しかしながら、20世紀を代表する経済学者の会計擁護論にもかかわらず、「たかが会計」という見方は、今日では会計研究者にも共有されているようにみえる。米国に引き続いて日本でも、会計研究者が会計学者ではなく、会計現象を対象とする経済学者とでもいうべき存在となりつつあるのだ。(6)

第13章で指摘したように、「自分が何を知らないかということすら知らない」という根源的無知にもかかわらず、市場メカニズムが新しい製品・サービスの提供という経営者の仮説の正否を「無意識のうちにシステム上でふるい分ける」自動安定化装置として機能するゆえ、我々はカオスに陥らずにすむ。この根源的無知のもとでの購買行動という、データを用いた市場の仮説検定論は、システムあるいは環境が適者を選択するという市場の進化論ということができる。

ただし、この市場の進化論には、生物の自然淘汰の過程には不要な、重要な前提条件がある。それは「たかが会計」という「偏見」が社会に行きわたることである。「たかが会計」だからこそ会計は市場経済のバックグラウンドとして決定的役割を果たしうるのだ。

まずは、市場メカニズムが自動安定化装置として機能するということの意味を今一度確認しておこう。

死に至る病：ソフトな予算制約

社外取締役導入推進をはじめとする昨今のコーポレートガバナンス改革論が実証的根拠をもたないうさん臭い主張であることは、たびたび指摘してきたところである。そもそも、コーポレートガバナンスがたとえ理想からほど遠いものであっても、市場競争は怠惰な経営者を許しはしない。こうした市場規律論は、インセンティブの問題をそれほど重視しないオーストリア学派に限られるわけではない。インセンティブを重視する主流派の大御所であるスティグリッツもこういっている(7)。

経営者のコントロール・システムは不完全なので、製品市場での競争は一層重要なものとなる。競争的製品市場の存在が、他の方法では提供できない規律を巨大な上場企業の経営者に与えるのである。

しかし、競争的市場が存在するだけでは、経営者や資金提供者（株主・債権者）を規律づけるのに十分ではない。なぜなら提供する製品・サービスという仮説が棄却、つまり市場競争に敗れ、事業が成り立たなくなっても、第三者が救済してくれれば、企業は市場から退場しなくてすむ。いわゆる計画経済体制下の旧ソ連・東欧さらには現在の中国で、国営企業が著しく非効率な経営を続けながら生き長らえているのは、政府が結果的に損失の穴埋めをしてくれるからである。

ハンガリーの経済学者コルナイ・ヤーノシュは、こうした非効率な経営を助長する政府等による救済を「ソフトな予算制約」(soft budget constraint)[8]と名づけた。かかったコストを販売収益でカバーするしかないという「ハードな予算制約」(hard budget constraint) があってこそ、市場競争は経営者に規律を与えることができる。競争に敗れたら市場から撤退せざるを得ず、場合によっては企業の存続自体が不可能となると経営者が考えるからこそ、市場メカニズムは自動安定化装置として機能するのである。

「予算制約は事前の変数に関する制約」であり、「合理的計画のための前提」であって、「意思決定者の行動特性に関連する。彼はかかった費用をアウトプットの販売あるいは保有資産の利用によってもたらされる収益でカバーすることを当然とする」。ところが、「支出が収入を超えても第三者とりわけ政府によって補填されることで、この支出と収入の間の厳格な連関が崩れるとき、予算制約の『ソフト化』が生じる[9]」。

ソフトな予算制約は計画経済に限られるわけではない。日米欧においても、非効率な国営企業のみならず民間企業までが政治的理由で救済されることは絶無ではない。さらに、予算制約がハードかソフトかというのは程度問題であって、常にハードな予算制約が保たれている経済も、無制限に損失が補填されるソフトな経済もともに存在しない。さらに、コルナイも指摘(10)しているように、経済全体では常に予算制約が成り立っているのだ。

自然ではない市場での自然淘汰

ソフトな予算制約は、企業の支出が収入を上回っても、政府など第三者が補填しないというコミットメントが事前にできないことに起因する。(11)したがって、なぜコミットメントが困難なのか、あるいは逆になぜコミットメントが可能になるのかを理解することが、ソフトあるいはハードな予算制約の解明に欠かせない。

たとえば、多数の従業員を抱える企業の経営者が繰り出す新製品・サービスという仮説がことごとく市場で棄却、つまり売れずに倒産の危機に瀕したとき、地域経済への影響や従業員の雇用などを考慮した、その時点でのコスト・ベネフィットの比較考量に基づけば、政府にとって損失を補填し事業を継続させることが最適となりうる。こうした政策変更の余地がある限り、事前に「救済しない」と政府が明言しても無駄である。

一方、どのような事情であれ救済しないというコミットメントが経済システムにビルトインされていれば、市場メカニズムは自動安定化装置として機能する。一言で表現すれば、自然淘汰による市場の進化論が機能する。

ただし、企業の適者生存には、生物の自然淘汰にはない人為性がある。デムゼッツが指摘(12)するように、市場競争に自然淘汰の論理を直接適用するには、「氷河期が種の生存に対するように、利益が企業経営に対応していなければならない。利益という基準は我々の決定の外に存在せねばならないのだ」。ところが、「利益は我々の思考過程と独立に存在するわけではない。利益はそれ自体が意識的計算の結果であり、利益は我々が自分自身に課すことを選んだ選択基準なのである」。

つまり、市場の進化論に自然淘汰の論理を直接用いることはできない。そこには何らかの人為的仕組みが必要となる。それが利益という選択基準を支えるハードな予算制約なのだ。

予算制約はどこから生じるのか。予算制約が存在するということ自体が他者の合理的決定を必要とする。代金を支払えないものに他人は商品を提供しないし、購入資金を融通する貸し手は現れない。予算制約下にある人々は自らの資源を有効に利用するかのように行動する。こうした行動なしには、社会に富が存在する限り予算制約は意味を失う。

自然と化した人為

しかし、ハードな予算制約が人為的仕組みである以上、自然現象と異なり、人間が変えることができる。実際、都合が悪くなればルールを変えるのは、力ある者の常套手段である。

ところが、幸いなことに、ルール変更に大きな壁として立ちはだかるものが存在する。それが「たかが会計」という人々に刷り込まれた「偏見」なのだ。複式簿記に基づく会計測定とそこから算出される利益に、我々はあまりに慣れっこになっている。この利益という生物的欲求とはかけ離れた概念に、我々の思考と行動は知らず知らずのうちに強く拘束されている。

このことは、少なくとも日米欧では、市場のプレーヤーのほとんど誰もが「赤字はまずい」という感覚を持っていることからもわかる。だからこそ、政府が非効率な企業を支援する、すなわち予算制約をソフト化することには、当事者を除けば世論の支持どころか厳しい批判が必至であり、企業はハードな予算制約を前提に行動せざるを得ない[13]。

会計という人為がルーティン化し、あたかも自然と化してはじめて、市場競争が自動安定化装置として機能する。利益を測定するシステムである会計が議論以前のルーティンワーク、つまり市場経済を背後で支える当たり前のバックグラウンドと化しているからこそ、市場競争が有効に機能するとすれば、「たかが会計」という表現は、むしろ会計への賛辞と受け取るべきだろう。

ホワイトヘッドは冒頭で引用した箇所に続いてこう述べている。

考えるという作業は戦闘における騎兵隊攻撃のようなものだ。その数は限られ、はつらつとした馬を用いて、決定的場面でのみ挙行されねばならない。

市場経済の主役である起業家が新製品・サービスという仮説の提示すなわち「騎兵隊攻撃」を行うためには、会計という「それについて考えることなしに行える重要な作業」が不可欠なのである。

第15章　大事なのは最大化それとも予算制約？

コミットメントなき経済理論

「約束は破るためにある」のは、政治や恋愛の世界の常識ではある。とはいえ、この表現は、約束という概念には守らなければならないということが含意されていることを否定してはいない。ところが、エージェンシー理論も含め、今日の経済学においては、この約束という考え方そのものが継子扱いされているのだ。

分析ツールとして会計研究者にも普及してきたエージェンシー理論は、おおざっぱにいえば、非協力ゲーム理論の応用であり、文字どおり当事者間の非協力が前提とされている。ゲーム理論は非協力ゲームと協力ゲームの理論に大別できるけれども、教育研究の中心は非協力ゲームであり、ゲーム理論の教科書も一部の例外を除き、記述の大半が非協力ゲームに割かれている。

ナッシュ均衡で有名なジョン・ナッシュら3人[1]が1994年にノーベル経済学賞を与えられた際も、「非協力ゲームの理論における画期的な均衡分析」（pioneering analysis of equilibria in the theory of non-cooperative games）[2]が受賞理由とされた。現代の経済理論は方法論的個人主義に立脚しているので、ゲーム理論の代表的教科書によれば、「プレーヤーの提携行動は、本来、そのメンバーの個々の意思決定から説明すべきものであ」り、「分析の方法論的観点からは、非協力ゲームの理論の方が協力ゲームの理論より基礎的」ということになる[3]。

ゲーム理論でいう非協力とは、要するに事前の約束はチープトークすなわち口先だけにすぎず、何ら拘束力を持たないということを意味する。約束という概念自体が否定されているといってよい。ただし、当事者が常に約束を破るとは限らない。約束に沿って行動したほうが得な場合には、当事者は当然ながら「約束どおり」に行動する。もちろん、約束を破ったほうが得な場合、当事者は約束を無視して行動する。

図表15・1　囚人のジレンマ

ヨコ太＼タテ子	黙秘	自白
黙秘	1年 1年	釈放 無期
自白	無期 釈放	10年 10年

ゲーム理論の定番であり、多くの読者もご存じであろう「囚人のジレンマ」。**図表15・1**をご覧いただきたい。タテ子とヨコ太が共謀して悪事を働いたものの2人とも警察に捕まってしまった。2人にとって選択肢は黙秘するか自白するかの2つに1つ。ただし、相手がどう行動するかはわからない。

物証に乏しいため、2人揃って黙秘すれば、微罪で起訴されるのみでともに懲役1年ですむ。もし1人だけが自白し、もう1人が黙秘し続けた場合、自白したほうは褒美として釈放、黙秘したほうは捜査非協力のかどで無期懲役となる。さらに、両方自白した場合は、ともに罪一等免じられ2人とも懲役10年となる。

この状況では、タテ子もヨコ太も相手の行動にかかわらず、自白するのがベストとなる。なぜなら、相手が黙秘すれば、自白すると釈放なのに黙秘すると懲役1年、相手が自白すれば、自白すると懲役10年なのに黙秘すると無期懲役となる。したがって、互いに協力して黙秘し続ければ懲役1年ですむにもかかわらず、2人とも自白して懲役10年の刑に服するのが（唯一の）均衡解となる。

囚人に限らず、一面では利害を共有し、また同時に対立する2人が、事前に約束にコミットできないため、2人にとってウィンウィン（win-win）の選択肢があるにもかかわらず、双方にとって望ましくない行動を強いられる状況が「合理的」選択によって生じてしまう。この「囚人のジレンマ」においても、当事者間の非協力という前提がカギとなっている。

というわけで、気の利いた会計研究者の間で常識となりつつあるエージェンシー理論や非協力ゲーム理論が想定する世界というのは、拘束力ある約束つまり事前のコミットメントが不可能な世界なのである。意地悪な見方をすれば、ジョセフ・カデーンが指摘しているように、非協力ゲームが前提とする、周りが常に自分に敵意を持って行動するという確信（belief）は、パラノイアのしるしである。(4)

コミットメントはなぜ可能か

第14章で指摘したように、かかったコストを販売収益でカバーするしかないという「ハードな予算制約」があってこそ、市場競争は経営者に規律を与えることができる。経営者が倒産の恐怖に直面しているゆえ、市場メカニズムは自動安定化装置として機能するといってもよい。

このハードな予算制約とは、第三者による事前のコミットメント、競争に負けても助けないという、本来の意味での約束である。しかし、本当に拘束力ある約束は実現可能なのだろうか。

政府（や他の第三者）はある時点で一度だけ政策決定を行うのではなく、状況の変化に対応して常に政策を変更しうるし、実際それが政府の腕の見せ所と通常考えられている。しかし、状況の変化に応じて、その度ごとにその時点で最適となる政策変更を行うことは、時系列を通じて考えると最適の政策とならない。

たとえば、絶対にテロリストには妥協せず、人質をとっても見殺しにするという政策を政府が宣言したとしよう。この政策が実際に貫徹されれば、テロリストは人質をとっても、何も得ることはできない。そのため、この事前の人質見殺し政策は、テロ抑止策として機能するかのようにみえる。しかし、実際、テロリストが人質をとれば、人質の生命や世論を考慮し、人質と交換にテロリストに見返りを与えることが、人質をとられた時点では最善の政策となりうる。したがって、政策変更の余地がある限り、このことを見透かしたテロリストは、人質をとることで政府に不当な要求を呑ませることができる。ただし、政府が事前に人質見殺し政策にコミットできれば、手を縛られた政府はテロリストと妥協できないので、テロリストは人質をとっても何も得るものはない。つまり、事前にコミットすることがテロ抑止策には不可欠なのである。

フィン・キドランドとエドワード・プレスコットは同様の観点から、政府は将来の政策変更の可能性を自ら禁じる、つまり事前にコミットすることで、社会全体の経済的豊かさを向上させうることを示した[5]。

この事前のコミットメントを通じて、時系列で首尾一貫した時間整合的（time consistent）政策を実現するというアイデアは、マクロ経済政策、特に金融政策をめぐる議論でしばしば言及される。

しかし、ベネット・マッカラムが金融政策の文脈で指摘[6]しているように、たとえ政策に関するコミットメントの内容を憲法に明記したところで、問題はそれが遵守されるかどうかであり、それを破るインセンティブがある限り、所詮は絵に描いた餅にすぎない。別に政府が堂々と約束を破ったと公言する必要はない。世界で最も憲法を重視する国とされる米国でも、多くの条文が時の政府の解釈によって骨抜きにされている。たとえば金融に関する分野では、憲法で禁止されている（としか読めない）不換紙幣の発行[7]が、条文改正を経ずに、いつの間にか当たり前になっている。

だからこそ、第14章でも強調した「たかが会計」という意識が重要なのである。「たかが会計」に基づく「赤字はまずい」という感覚が人為を超えた第二の自然と化しているからこそ、社会全体に赤字企業救済に対する条件反射的な抵抗感が存在する。この抵抗感が、究極的には口先だけのことにすぎないハードな予算制約を守るうえで、防波堤として機能しているのだ。

実は、非協力ゲーム理論もその応用であるエージェンシー理論も、最後のところで決定的に当事者の協力あるいは事前の約束に依存している。それぞれの状況に応じて、当事者が手にすることができる利得（payoff）は、非協力ゲームにおいても、事前に仮定（約束）されたとおりに支払われることになっている。要するに、取り分を規定する利得表を当事者が協力して遵守することが非協力ゲームの大前提となっているのだ。非協力という考え方で首尾一貫させるならば、なぜ当事者のどちらかあるいは両者が最後にテーブルをひっくり返して、「こんなゲームやーめた」とならないのだろうか。

結局、利得表というハードな予算制約の前提なしに、非協力ゲームもエージェンシー理論も始まらないということである。「たかが会計」に基づくハードな予算制約とは、合理的説明がつかない市場の奇跡なのかもしれない。

予算制約下の知性ゼロ≒100％合理的

我々の赤字に対する理屈抜きの嫌悪感に支えられたハードな予算制約が、非効率な企業を排除し、豊かな社会を実現するためには不可欠であるとしても、それは必要条件にすぎない。高い経済水準に到達するには、予算制約を前提に、あくまでも経済社会のプレーヤーが合理的に行動する必要がある。ここまでの筆者の議論は予算制約偏重で、個々の企業や消費者の主体性をないがしろにしているのではないかと、疑問を持たれた読者も多いだろう。

日本の会計研究の世界でも、実証分析、数理的モデル分析に次ぎ、実験が第3の柱となりつつあるけれども、実は、この疑問に直接答えるかのようなおあつらえ向きの実験が、著名な実験経済学者であり米国会計学会会長経験者でもあるシャム・サンダーらによって行われている。(8)

サンダーらは、「我々は個人レベルで観察される非合理性をすべて市場に帰してはならないし、市場の合理性をすべて個々人に帰してはならない」という問題意識(9)のもと、集計されたマクロの経済現象の合理性、たとえば経済全体の利益最大化(10)が何によってもたらされているかを実験で明らかにしようとした。マクロレベルで合理的結果が実現したとして、それをもたらしたのは個々人の合理的行動なのか、マクロの制度的枠組みなのか、あるいは両方なのか。詳細については論文に直接当たっていただくことにして、結果を簡単に紹介する。

まず、結果に応じて実際に報酬を支払われるトレーダー（ビジネススクールの学生）を売り手と買い手に分け、本物の証券市場同様、それぞれが価格を提示するダブルオークションで取引させる。売り手には費用、買い手には償還価値が与えられているので、売買が成立した場合、売り手には価格マイナス費用の生産者余剰、買い手には償還価値マイナス価格の消費者余剰が発生する。最終的に、成立した売買すべての生産者余剰と消費者余剰を合計したものが経済全体の利益となる。この生身の人間を使った実験では、理論上可能な経済全体の利益がほぼ100%実現した。この結果は、サンダーらの実験に限らず、ダブルオークションの実験では珍しくない。[11]

次に、同じことをコンピューター・シミュレーションで、売り手と買い手がランダムに価格を提示する設定で行ったところ、実現した利益は当然100%に及ばず、最適値（最大可能値）の半分を切る場合もあった。当たり前の結果というしかない。[12]

ところが、売り手には価格≧費用、買い手には償還価値≧価格という条件のみ課して、同様のコンピューター・シミュレーションを行ったところ、人間を使った場合とほとんど変わらず、理論上可能な経済全体の利益がほぼ100%実現した。

要するに、費用以上の価格で売る、あるいは償還価値以下の価格で買うというハードな予算制約を守る以外何ら考えることをせず、ただランダムに売値と買値を提示する売り手と買い手、サンダーらのいう「知性ゼロ」（zero intelligence）のトレーダーだけからなる取引市場で実現される市場全体の効率性は、同じ市場ですべての売り手と買い手が利益最大化を図るべく行動した場合の効率性とほとんど変わらなかったのである。

ただし、「知性ゼロ」という表現は必ずしも適切な表現ではない。なぜなら、予算制約を守るということは「機械的」にできることではないからである。むしろ、小賢しさを捨て―大学のセンセイには耳が痛い―予算制約を守るという本当に大事なことだけを知り、そして実行する「知恵のある」トレーダーというべきであろう。

ところで、この画期的論文の共著者ダン・ゴードは当時まだ大学院生。読者のなかにおられるだろう日本の若き俊英も負けてはいられない！　ちなみに、本章の本文に登場した研究者はナッシュ以下、すべてわが母校カーネギーメロン大の卒業生、（現・元）教授あるいは両方である。

主役は最適化ではなく予算制約

科学化しつつある会計研究の背後にある今日の経済学というのは、極端なことをいえば、予算制約下の最適化という原則の様々な応用にすぎない。そして、経済学というとどうしても最適化の部分が脚光を浴びる。だからこそ、私立文系の天敵である微積分が経済学の習得に欠かせないわけである。

しかし、経済学の文献でしばしば「単なる会計的恒等式」（mere accounting identity）と称される予算制約は、最適化という主役を陰から支える脇役ではない。最適化しようがしまいが、ハードな予算制約が確立できた段階で、我々が実際に得られるパイの大きさはほぼ決まってしまうのである。経済理論はともかくとして、経済現象を解明するうえで重要なのは最適化というより、むしろ予算制約だということすらできる。

第16章では、ハードな予算制約を前提に企業というものを考える際、しばしば同一視される利益最大化と適者生存の意外な関係について述べてみたい。

第16章　利益最大化と共に去りぬ

ボーナスはインセンティブにあらず

大学も含め、というか大学を典型例として、日本の伝統的組織の正社員（正規職員）にとって年2回夏と冬のボーナスは、個人の業績を反映した特別支給という本来の意味[1]をほとんど失った、当然もらえる給与の一部となっている。民間企業の場合は、会社全体の業績に連動して支給額がかなり変動することがあるものの、お役所やそれに準ずる組織では、業績がそもそも安定しているので、毎年の支給水準はたいして変わらない。ちなみに、私立大学常勤教員というのは公務員に限りなく近い存在であり、クビになる可能性ゼロということで、比較的最近まで雇用保険料も納めていなかった。それほどまでに身分を保障された存在ということである。能力主義が大好きなビジネススクールのセンセイも例外ではない。紺屋の白袴、ここに極まれり。

民間の場合も、全体の支給額は会社の業績に連動するにせよ、そのパフォーマンスに大きな差があるにもかかわらず、個々の従業員の間でボーナスに極端な差をつけない会社が多いようである。筆者自身の経験からも、働いても働かなくてもそれほど待遇が変わらない一部の名門企業では、窓際族になるのが最も効率的といっても、あながち誇張とはいえない。

個々人のパフォーマンスに報いるインセンティブという本来の意味でのボーナスも、外資系のみならず、日本企業でも普及しつつあるではないかと反論される向きもあろう。真っ先に念頭に浮かぶのが経営者に与えられるストックオプションである。ところが、第11章で指摘したように、ストックオプションが大きな部分を占める経営者報酬と企業業績の関係は決して高いとはいえず、どちらかというと、あまり関係ないという説が有力であり、負の相関がある、つまり高い経営者報酬は会社の業績にマイナスという実証研究すら存在するのだ。要するに、ストックオプションをはじめとする経営者へのボーナスは、業績に連動していると喧伝されているものの、概してインセンティブとしての属性を持たない。「ボーナスはインセンティブ」とはいえない。

インセンティブはボーナス

ここまで、経済的豊かさを支えるハードな予算制約の重要性をくどいほど繰り返し述べてきた。資源あるいは資金をいくらでも使ってよければ、好きなだけ好きなものを生産し消費できるので、そもそも経済問題は生じない。ところが、現実は桃源郷ではなく、意思決定主体は、利用可能な資源あるいは資金の範囲、つまり広い意味での予算制約のもとで、計画を立て行動し、利益あるいは効用を最大化する必要がある。

しかしながら、第15章でも指摘したように、経済現象を解明するうえで、通常考えられている以上に重要なのは予算制約なのである。最大化すべく意図的に行動したか否かにかかわらず、消費者の求めに応じることができなかった企業は、予算制約が厳格に適用されている限り、資金が枯渇し事業を継続できず、市場から退場せざるを得ない。

予算制約あっての最適化なので、意思決定を最適化すべくインセンティブ設計を行うことは、エージェンシー理論の主張とは裏腹に、二義的な意味しか持たないともいえる。決定的に重要なのは、経営者が適切なインセンティブを事前に与えられているかどうかではなく、結果的に消費者の要望に応えられなかった場合、ハードな予算制約のもと、理由はどうあれ退場を強いられることなのである。

経済学のメニューでは、まず意思決定主体が直面する資金や資源の制約を適切に捉えたうえで、本論である利益最大化といった最適化問題に取り組むように描かれる。予算制約はあくまで前菜、最適化こそメインディッシュというわけである。しかし、本当のところは、予算制約こそメインディッシュであり、その範囲内での行動は個々の意思決定主体が最適化していようといまいと、市場全体の立場からみれば、デザートかもしれない。

だからといって、個人を最適化に誘導するインセンティブが無意味であるとか、無駄であると主張しているわけではない。インプットとアウトプットの関係が単純で、容易に個々人の成果が測定できる決まりきった仕事であれば、出来高払いに基づくインセンティブ設計は大きな効果を発揮するだろう。企業経営のような個々のインプットとアウトプットの関係がはっきりしない複雑な業務の場合といえども、投資家や消費者の要望に沿って経営者が行動したほうが経営者自身にとっても得なように制度設計することは無論望ましい。

ただし、そのおかげで、そうしない場合よりも望ましい結果が得られたとしても、それはおまけと考えたほうがよい。あまり堅苦しくない英語の文章を読んでいると、儲け物のニュアンスを含んだ付随効果を意味する「何々はボーナス」（something is a bonus/an added bonus）という表現にしばしば出くわす。[2] ハードな予算制約が確立した市場経済システムにおいては、まさに「インセンティブはボーナス」なのだ。

利益を最大化するかのように

大学での経済学の授業のみならず、現実の経済分析を行う際にも用いられる個人の合理性の仮定については、その「非現実性」に対する批判が絶えない。この批判に対する反批判として、よく持ち出されるのがミルトン・フリードマンやアーメン・アルチアンらの進化論的擁護論である。[3] フリードマンは、個人の期待効用最大化仮説を正当化する、レナード・サヴェッジとの共著論文で、ビリヤードを例に「かのように」（as if）方法論を提唱する。[4] ビリヤード球の動きは、いうまでもなく物理学の法則に厳格に従っており、複雑ではあっても一定の算式に基づいて、その軌跡を導出することができる。それでは、ビリヤードの達人が繰り出す素人には信じられないような正確なショットは、こうした複雑な計算の成果なのだろうか。[5]

ビリヤード競技者がこの算式を知っている**かのように**球を打つという仮説によって、素晴らしい予測が行えるというのは、実に理に適っている。ビリヤード競技者がいかなる数学も学んだことがなく、必要な計算を行う能力に全く欠けていることがわかったとして、この仮説を反証したことにも、その矛盾を示したことにもならないし、我々の仮説への信頼を弱めるわけでもない。ビリヤード競技者は何らかの方法で算式から得られるものとほぼ同じ答えに到達していないかぎり、実際にビリヤードの達人であることはないだろう。

企業経営者もビリヤード競技者同様、目的である利益あるいはリターンを最大化する「かのように」行動しているはず。それがフリードマンの「非現実的」最大化仮説擁護論のエッセンスである。(6)

経営者が自らの行動をどうにかこうにかリターン最大化と整合的な行動に近づけることができないかぎり、長期にわたって事業にとどまれるとは思えない。企業行動の直接的決定要因にみえるものがいかなるものであれ…この決定要因が合理的で確かな情報に基づいたリターン最大化につながった場合は、事業は繁栄し…そうでない場合は、資源を失い、外部からの資源投入なしには存続不可能となる。「自然淘汰」(natural selection) の過程が仮説の正しさを立証する。むしろ、自然淘汰のもと、仮説の受容は主として、その仮説が生き残りの条件を適切に要約しているという判断に依拠しているといってよい。

経営者が意識して利益最大化を図っていようがいまいが、結果的に利益最大化を実現した企業だけが市場競争に生き残ることができる。市場メカニズムによる自然淘汰の過程で選ばれるのは、意図的であるか否かに関わりなく利益最大化を実現した企業、言い換えれば、最大化する「かのように」行動した企業だけ、というわけである。個人を念頭に置いたサヴェッジとの共著論文とは違って、企業の利益最大化仮説擁護論においては、自然淘汰による「適者生存」(survival of the fittest) が「かのように」方法論と結びつけられている。こうした考え方は、米国での会計研究科学化をリードしてきたジェロルド・ジマーマンをはじめ、多くの実証会計研究者の間でも共有されている。[7]

第15章で紹介したサンダーらの「知性ゼロ」トレーダー市場実験結果は、まさにこのフリードマンの進化論的擁護論の正しさを人間とコンピューターによる実験で示したようにもみえる。そこでは、利益を最大化するようインセンティブを与えられた被験者に仮想資本市場で取引させたところ、市場全体では、参加者が合理的に行動した場合に得られる最大値とほぼ同じ効率性[8]が実現しただけではない。予算制約を守るだけでそれ以外何も考えずにランダムに売値と買値を提示する「知性ゼロ」トレーダー―人間ではなくコンピューター・プログラム―だけからなる市場で同じ実験を行ったところ、なんと売り手と買い手が利益最大化を図るべく行動した場合とほとんど同じ効率性が実現したのだ。要するに、当事者が実際に最大化を意図しているかどうかに関係なく、最大化しているかのような結果が得られたのである。

しかし、サンダーら自身が強調しているように、「知性ゼロ」トレーダーがもたらす高い効率性という「結果を得るうえで、自然淘汰はいかなる役割も果たしていない[9]」。実験ではトレーダーの顔ぶれは同じままで[10]、市場から淘汰されたわけではなく、予算制約のもとで取引し続けた結果、市場全体として高い効率性が得られたのである。

というわけで、「知性ゼロ」トレーダー実験は、フリードマンらの「かのように」最大化仮説の妥当性ではなく、あくまでも予算制約という仕組みの決定的重要性を示したものである。ただし、外部環境が固定されたサプライズのない状況を前提とするサンダーらの実験は、ダイナミックに変化する市場を念頭においたフリードマンらの議論を否定するものとはいえない。やはり、刻々と変化する市場で生き残るには、企業は利益を最大化する「かのように」行動するしかないのだろうか。

利益最大化は淘汰への道

実は、数理経済学の泰斗ロイ・ラドナーが共同研究者とともに、適者生存の掟が企業に利益最大化を強いるというフリードマンの「かのように」擁護論は、レトリックとしてはよくできているにしても、理論的には必ずしも正当化できないことを、前世紀の終わりに示しているのだ。[11] 企業の利益最大化は、倒産することなく生き残る確率を最大化するという意味での生存最大化につながるとは限らないということである。

ラドナーらの議論は、「利益最大化＝生存最大化」という適者生存の主張は強者に都合のよい弱肉強食論だといったような、ありがちな感情論とは無縁の、数式だらけの厳密な理論展開に基づいている。また、めったに起こらないとはいえ、それでも稀に生じるカタストロフィーの前では、平常時の利益最大化は無力であり、生き残りに資するとは限らないという、「ブラック・スワン」型の理屈も用いていない。[12] 彼らのモデルでは、株主と経営者は明確に区別され、利益最大化という場合の「利益」（profit）は「配当」（withdrawal）を意味する。この利益の定義は、投資家が期待するのは配当割引現在価値最大化であるという、今日のファイナンス教育・実務の大前提とも整合的である。

この定義により、事業で得られたキャッシュフロー[13]と利益である配当は概念上区別され、前者の範囲で株主にいくら利益分配（配当）するかが企業経営者の政策変数となる。そのため、経営者が配当割引現在価値すなわち利益最大化から逸脱した配当政策を少なくとも短期的には採用することができる。たとえば、配当割引現在価値最大化のためには、期待リターンの低い投資機会しか存在しない場合は、資金を株主に配当として払い出さねばならないのに、あえて配当せず余剰資金を抱えることも可能である。

当然ながら、利益最大化企業は「過大」な内部留保を行わず、投資機会がない場合は株主に還元せねばならない。しかし、余剰資金は直接的には非生産的であっても、企業を倒産の危険にさらす確率的に生じる不運に備えた保険として、間接的には生産的なのだ。したがって、配当割引現在価値の意味での「利益最大化企業は有限期間で倒産する！[14]」。

市場に異なる収益力を持つ企業が存在する場合、高い収益力を持つ企業の一部が利益最大化政策ではなく、一定のリターンを確保しながら生き残り最大化政策をとった場合、冒頭に記したように、「時間が経つにつれ、利益最大化企業の相対的割合はゼロに近づく[15]」。要するに、ある程度の余剰資金あるいは「過大」な内部留保が、配当割引現在価値すなわち利益最大化には反していても、企業の生き残りには不可欠なのである。

ただし、利益最大化と生存最大化が一致せず、企業にどちらの戦略を採用するか選択の余地があるにしても、企業が生き残りを第一に考えて行動するとは限らない。ラドナーらによって示されたのは、あくまで可能性だけである。

幸いなことにラドナーらの理論的成果を実験で確かめた研究[16]が存在する。ライアン・オプレアは、大学生の被験者を使って、2つのタイプの実験を行った。株主＝経営者の場合および両者が分離している場合である。どちらの場合も、倒産する可能性があるなか、被験者はなるべく多くの配当を得るようインセンティブづけられている。

まず、株主＝経営者の実験では、2つの異なる状況下で、被験者は一定の範囲で配当政策を選択する余地が与えられる。1つは高生存状況で、利益最大化戦略をとっても倒産せず生き残る確率が高く（倒産する確率が低く）設定される。もう1つは低生存状況で、利益最大化戦略をとると生き残る確率が低く（倒産する確率が高く）設定される。それぞれの状況下で被験者が選んだ配当政策は、高生存状況では生存最大化と矛盾しない利益最大化戦略に収斂したものの、低生存状況では利益最大化戦略に収斂せず、生存確率を高くする（内部留保を厚くする）方向に大きく乖離したままであった。

利益最大化と生存最大化が一致しない場合、生存最大化が優先されたのである。この株主＝経営者たる被験者が生き残りを優先した実験結果に対しては、経営者としてのバイアスによるものという批判があろう。そこで、両者を分離した実験も行われた。

この実験では、投資家である被験者は、利益最大化戦略をとる企業と生存最大化戦略をとる企業からなる市場で、どの企業に投資するか選択の余地を与えられる。株主＝経営者の場合と同様、2つの状況設定下で実験が行われた結果、高生存状況では、利益最大化企業に投資が集中したのに対し、低生存状況では利益最大化企業と生存最大化企業への投資はほぼ半々となった。

株主と経営者が分離した場合であっても、投資家によって利益最大化企業が選ばれるのは、結果的に生存最大化にもつながる高生存状況だけで、利益最大化が高い確率で倒産をもたらす低生存状況では、ある意味、投資家は困惑し、どちらともつかない行動をとり続ける。したがって、ラドナーらが示したように、利益最大化を犠牲にして倒産回避を優先する企業は多くの投資家に支持され、市場から駆逐される利益最大化企業を横目に、しぶとく生き残るのである。

利益最大化。それは生き残りに不可欠どころか、淘汰への片道切符なのだ。第17章では、これまで議論してきたことを踏まえながら、会計基準を含む規制のあり方について検討する。

第6部
唯一解強制がもたらす想定外の害悪

第17章　複雑さをありのままに

All mistakes are foolish in retrospect.

Jeffrey Friedman

第18章　会計は自由だ！

We accountants are fundamentally destined to be "free."

Yuji Ijiri

第17章　複雑さをありのままに

デフォルトという権力

記憶力も理解力も減退著しい「人生下り坂[1]」の筆者であっても、大学での授業も含め、日常生活を送っていくうえで、これといった支障はなく、つつがなく過ごしている（つもりである）。なぜそれが可能なのかといえば、第14章でホワイトヘッドの言葉を引用して指摘したとおり、文明社会の生活とは、極論すればルーティンワークの集積だからである。

ただし、日々の生活がルーティン化しているといっても、本能に強く支配されている他の動物と違い、人間の場合、潜在的には多様な選択肢が存在している。本人がその気になれば、どのような作業にも、豊富なバリエーションが用意されている。要するに、人間生活のルーティン化とは標準的選択肢すなわちデフォルト・ポジションが与えられているということである。一定の行動を本能や「お上」によって文字どおり強制されているわけではない。

そうはいっても、デフォルトの力は絶大である。今この文章を入力するのに使っているワープロソフトには、数えきれないほど多くの選択肢が用意されている。しかし、筆者がデフォルト設定を変更するのはほんの一部で、ほとんどは最初に設定されたままの状態で使っている。読者の大半も同じではなかろうか。

コンピューターその他のハードやソフトの処理能力がいくら向上しても、肝心の人間の脳は基本的に1万年前の「原始人」と同じ、たいして改善されていない。したがって、世の中が複雑になればなるほど、デフォルトの重要性は高まる。デフォルトを設定する立場にある者こそ真の権力者であり、人間社会を支配しているといえるかもしれない。

さて、起業家精神について述べた際に強調したように、市場競争の決定的意義は、経営者のモラルハザードを抑え、利益最大化を強いる点にあるのではない。経営者に限らずすべての人間が直面せざるを得ない、自分が何を知らないかということすら知らない根源的無知のもとで、利益を上げるための発見の手続として機能する点にこそ、市場という制度の成功の秘密がある。

我々は利己心のもたらす害悪を重視しすぎている。より重要な課題は、我々の限られた認識能力にいかに対処するかであり、市場メカニズムはまさにそれに応える制度である。間違うことを非合理性と定義するのでない限り、どれだけ事前に合理的推論を重ねても、間違うことは避けられない。市場メカニズムの強みは、道徳上の要求水準が低いことではなく、認識上の要求水準が低いことにある。根源的無知のもとで提示される経営者の仮説すなわち製品・サービスの提供を、消費者の購買行動という検証を通じて、結果的に正しい仮説と間違った仮説に「無意識のうちにシステム上でふるい分ける」自動安定化装置、それが市場メカニズムなのだ。反証された仮説は市場から駆逐され、結果的に市場のテストに合格した仮説のみが生き残る。

市場での成功の理由が経営者の先見の明によるのか、単に運がよかっただけなのかは、ある意味どうでもよいことであり、事後においてすら、経営者が自らの成功の理由を正しく理解している必要はない。その成功を経営者自身のみならず、経営コンサルタントや経営学者といったお気楽な第三者がどう解釈するかは、市場メカニズムの作用とは無関係である。

ところが、市場の失敗に対処する規制となると話は別である。今一度、社会科学分析における無知の重要性を説いてやまないジェフリー・フリードマンの議論(2)に拠りながら、規制議論の問題点を考えてみたい。

新たな規制を導入するにせよ、既存の規制を変更するにせよ、規制当局は市場の失敗の理由を分析し、できるかどうかはともかく、その問題点を正しく理解し、正しい対応策あるいは仮説を構築しなければならない。規制というサービスに関しては、原則として国内では競争がないので、社会は規制当局が提示する唯一の仮説を否が応でも受け入れざるを得ない。加えて、会計基準にしろ、コーポレートガバナンスにしろ、規制のグローバル化が進み、各国間にはまだ存在する規制競争も、グローバルな唯一解に収斂する傾向が顕著である。

一言で表現すれば、規制とは強制力をもったデフォルトである。規制当局は、人間の根源的無知をものともしない市場メカニズムという自動安定化装置に頼ることができないなか、意図しない結果に満ち溢れた現代の複雑な社会で、事前に唯一の正しい仮説を見つけるという困難な課題を与えられているのである。

行動経済学者のダン・アリエリーの言葉(3)を借りれば、「簡単な問題であれば、簡単な答えを提供することができる。しかし、経済は極めて複雑な問題である。だから、我々は問題を単純化して答えを提供するか、あるいは複雑さを受け止めて何もしないでいるか、どちらかしかない」。

しかし、この二者択一の問いかけはレトリックにすぎず、答えは決まっている。フリードマンが指摘するように、「現代デモクラシーの根本は、民衆（demos）が重要な社会・経済的問題と感じることを解決することにある」(4)以上、複雑さを理由に対策を断念することは無責任として許されない。政治家と官僚は何らかの「解決策」を提供することが義務づけられているといってよい。そもそも、彼らは嫌々ながらではなく、喜んで「解決策」を提供したがる人種なのだ。

動機不純論の不毛

経営者は悪い奴。これが会計基準やコーポレートガバナンスをめぐる議論における大前提である。規制をめぐる議論のデフォルト・ポジションといってよい。この経営者「動機不純論」は、世間一般あるいはそれを受けた政治の世界の常識であるのみならず、経済学者やその影響を強く受けた会計学者の共通認識でもある。

ただし、マスメディアや政治家が強欲な経営者に道徳的非難を投げかけるのに対し、ハードボイルドな科学者である経済学者や会計学者は、経営者に限らず人間の私利私欲を前提に議論を展開する。それを図式的に表現したのがエージェンシー理論である。適切なインセンティブ設計により、エージェントである経営者の自分本位の行動が、同時にプリンシパルである投資家の利益になるように制度を構築すれば、涅槃のセカンド・ベストすなわち浮世のファースト・ベストが得られるというわけである。

したがって、規制当局に求められるのは、当事者のインセンティブと両立する効率的制度設計となる。この当世流行りの議論によれば、適切なメカニズムを設計すれば、ある一定の確率分布に基づく不確実性のもと、設計者である規制当局の意図したとおりに事態が進行することになる。

ところが、実際、金融危機のような事態が生じるたびに、規制当局も含め（自称）専門家の口から「想定外」という言葉が飛び出してくる。そして、二度と想定外の事態が生じないよう新たな規制が加えられ、しばらくすると、また別の想定外の事態に遭遇し…。

なぜ、こうした規制と想定外の事態のいたちごっこが生じるのか。フリードマンはそこにインセンティブを過大視し、根源的無知という認識の問題をなおざりにする今日の規制論議の根本的弱点をみる。(5)

現代デモクラシー下の規制当局は、自らが取り組もうとしている問題は、資本主義規制における過去の間違いがもたらした意図しない結果とは考えず、新しい「資本主義の行過ぎ」(excess of capitalism)と考えがちである。こうして、規制当局は過去の規制―当然ながらその効果を理解していない―を廃止する代わりに、新たな規制を付け加え、再度また同じプロセスが繰り返される可能性を作り出す。

インセンティブが問題解決のカギであれば、規制当局が社会全体の利益を念頭に、第三者的立場から制度設計することは、当事者の自由に任せるよりも、そのモラルハザードを抑えることができ、望ましい結果をもたらしうる。たとえ規制当局が個人的利益を優先する、経営者同様悪い奴であったとしても、現代デモクラシーにおいては、その直接的監視が可能であり、市場のプレーヤーたる経営者の自由に任せるよりは、インセンティブの観点からは弊害が少ないであろう。

一方、規制当局が人格識見に優れた人物だけからなる聖人集団であったとしても、経営者、投資家あるいは消費者といった市場の当事者に比べ、第三者である規制当局は、まさに第三者であるゆえ、実態の認識において優位性を持たない。むしろ、劣っているのが通常である。

複雑な現代社会において、我々が解決しなければならない問題が、適切なインセンティブ設計ではなく、根源的無知への対処であるとすれば、そもそも第三者が規制すること自体が問われなければならない。

にもかかわらず、市場競争と異なり、規制当局が提示する仮説すなわち規制は、唯一解として当事者に強制される。さらに、問題はインセンティブではなく認識の不十分さにあるという考えに至らない以上、善意に基づいているにせよ誤った認識に基づく規制が意図しない不首尾な結果をもたらしても、規制当局は自らの規制に問題があるとは考えない。不首尾への対策は新たな規制ということになる。

自動安定化装置としての市場メカニズムは、経営者の仮説の正否がいかなる理由によるのか、たとえ事後にすら当事者や第三者が正しく理解していなくても、問題なく機能する。それに対し、少なくとも国内では、規制は上から強制される唯一の正統仮説であるため、競争による淘汰という選別メカニズムを欠いている。絵に描いたような独占の弊害である。規制のグローバルなコンバージェンスの動きは、各国間で多様な仮説が提示されるチャンスを奪うことで、事態をさらに悪化させている。

「衣の下から鎧」の改革論と規制しないという選択

会計測定をめぐる際限なきイデオロギー論争と決別し、情報の経済学として自らの営みを再構成しようとする科学化の動きが、昨今の会計研究のトレンドである。しかし、「社会科学はイデオロギー的でありうる」し、前提条件をコントロールした実験で確かめられなければ、「イデオロギーと対極にあるようにみえるゆえ、社会科学はイデオロギーよりも悪いといえる」[(6)]。

エージェンシー理論等で武装した政策提言が、イデオロギーむき出しの意見よりも弊害が大きいことは、「コーポレートガバナンス・コード」に如実に表れている。

コーポレートガバナンス改革論はその実証的根拠の欠如のみならず、統制経済的色彩が濃厚であることを、これまで述べてきた。「コーポレートガバナンス・コード」が活用する「コンプライ・オア・エクスプレイン」という手法は、企業側に判断を委ねたかのような、市場重視の体裁を取り繕っている。しかし、実際には、規制当局が設定したデフォルト以外の選択が極めて困難であり、不透明かつ責任の所在のあいまいな行政手法として批判されてきた行政指導以外の何物でもない。市場重視の衣の下から統制経済の鎧が丸見えである。

会計基準に目を向ければ、一時は時価強制運動団体と化した観があったIASBの迷走をみるにつけ、どのような基準がよいかという議論以前に、そもそも基準を上から設定し強制すること自体の是非を考えるときがきている。

自分が何を知らないかということすら知らない根源的無知のもとにある以上、複雑な問題を単純化して、簡単な「解決策」を求めるのではなく、ありのままに複雑さを受け止めて、なるべく当事者の自由に任せるという選択こそ、むしろ知的廉直の表れであり科学的態度だということもできる。

とはいえ、他の当事者の利益を犠牲にして、自らの私腹を肥やす悪い経営者がいることも事実である。したがって、経営者の動機つまりインセンティブに焦点を当てた制度設計が全く不要ということではない。

第18章では、根源的無知に正面から向き合いつつインセンティブにも配慮した両睨みの会計基準のあり方について議論したい。

第18章　会計は自由だ！

社外取締役は倒産請負人

「コーポレートガバナンス・コード」にせよ、「伊藤レポート」にせよ、昨今のコーポレートガバナンス改革論では、中長期的視点が重視されている。たとえば、前者の冒頭にはこうある[1]。

本コードは、実効的なコーポレートガバナンスの実現に資する主要な原則を取りまとめたものであり、これらが適切に実践されることは、それぞれの会社において持続的な成長と中長期的な企業価値の向上のための自律的な対応が図られることを通じて、会社、投資家、ひいては経済全体の発展にも寄与することとなるものと考えられる。

したがって、株主との「建設的な対話[2]」も、その目的のために行われるべきであり、社外取締役に期待されるのも、「経営の方針や経営改善について、自らの知見に基づき、会社の持続的な成長を促し中長期的な企業価値の向上を図る、との観点からの助言を行うこと[3]」とされる。

機関投資家や社外取締役が、短期ではなく長期的視野から積極的に企業経営に関わっていくのであれば、その企業に人生をかけている社長を筆頭とする内部昇進の経営陣とも、原則として利害が一致するというのが、コーポレートガバナンス改革論者の認識なのであろう。

所詮は他人にすぎない、いつでも逃げ出せる投資家や社外取締役が、本当に長期的視野に立って考えることができるか、また、そもそものような能力があるかどうかは、ここでは問わない。ひとまず、それが可能だとして議論を進めよう。

ラドナーらの理論的研究によれば、将来キャッシュフロー現在価値すなわち企業価値最大化は、倒産することなく生き残る確率を最大化するという意味での生存最大化と一致するとは限らない。

ラドナーらの理論に基づき、オプレアが行った経済実験によれば、経営者は企業価値よりも生き残りを優先する結果となった。一方、経営に直接参加しない純粋な投資家としての株主は、企業価値最大化を選んだ者と生存最大化を選んだ者の数が拮抗した。

経営者は投資家と違い、自らの経営能力を分散投資できないので、経営している企業が倒産すれば、人的資産（資本）の大半を失ってしまう。したがって、経営者が長期的観点から生存最大化を選ぶことは当然であろう。実験結果もこの人情を裏づけている。

それに対し、投資家や投資家の代表である社外取締役は、分散投資の観点から企業を評価すべきなので、個々の企業の生き残りにこだわることなく、企業価値最大化を目指さねばならない。ただし、実験では約半数の投資家が[4]、生存最大化という「間違った」選択を行ったわけである。

もし、社外取締役が企業価値最大化という「正しい」目的に忠実であれば、内部昇進経営者の保守的経営方針に反し、余分な資金は持たず配当や自社株買いで株主に還元し、結果的に倒産確率を高めることになるとしても、企業価値最大化に沿った施策を推進せねばならない。機関投資家も、企業価値最大化に邁進する社外取締役の提案を拒絶する臆病な経営者の取締役選任に、株主総会で反対せねばならない。

著名企業が倒産の危機に瀕したり、実際に倒産したりした場合、必ずといってよいほど、当該企業のコーポレートガバナンスがやり玉にあげられ、数々の「欠陥」が指弾される。その際、お決まりの対策の1つとなっているのが、社外取締役の増員である。

しかし、上述の理論・実験で示されたように、企業価値最大化が生存最大化と一致するとは限らない以上、社外取締役がコーポレートガバナンス改革運動の理念に従い、長期的視野に基づいて、将来キャッシュフロー現在価値最大化を図れば、企業の倒産確率は上昇する。

「正しく」行動する社外取締役は、倒産請負人とならざるを得ないのだ。社外取締役主導で企業が倒産した後に予想される世間の非難には、「いや、非難は筋違いであり、むしろその積極性を評価すべきである」として、改革運動推進論者が一丸となって弁護を買って出てくれるに違いない。

分散投資を前提とすれば、個別企業の倒産は是が非でも避けねばならない事態ではない。投資ポートフォリオ価値最大化の観点からいえば、適度に企業がつぶれることは、ジャンク債のデフォルトやベンチャーキャピタル投資先の破綻と同じく、想定内の事態である。

求められる無知の自覚

「社外取締役＝倒産請負人」論など、いかにも筆者のような似非学者が思いつきそうな、現実を無視した空理空論にすぎないという批判が予想される。昨今では、倒産まで至らなくても、企業業績が悪化した場合、取締役が株主から訴えられる確率は相当高くなっている。対象となるのは社長以下の社内取締役だけではない。社外取締役も当然ターゲットとなる。こうした状況のもとでは、社外取締役は金銭的負担のみならず、自らの名声に傷がつくことを恐れて、「社外取締役＝倒産請負人」論とは逆に、なるべくリスクを避けたいはず。通常、社外取締役が慎重すぎることはあっても、いけいけどんどんということはちょっと考えにくい。

確かに、事実認識としては、この主張に一理あることを筆者も否定しない。しかし、社外取締役が現実には保守的に行動するとしても、それは規範あるいは「べき」論としての「社外取締役＝倒産請負人」論を否定することにはならない。コーポレートガバナンス改革論者が大抵ベンチャーキャピタル推進論者であることを考え合わせれば、社外取締役が倒産請負人として機能することこそ、改革論者が推進する「正しい」社外取締役のあり方に合致しているのではなかろうか。

「コーポレートガバナンス・コード」を作成した「有識者会議」の面々は、日本企業の「持続的な成長と中長期的な企業価値の向上」を願って、社外取締役の役割強化を含む、数々の改革案を提示したのであろう。

ただし、それは単に1つの意見の提示にとどまらない。「コーポレートガバナンス・コード」とは、「コンプライ・オア・エクスプレイン」というカタカナ語で偽装した行政指導にほかならない。「透明・公正かつ迅速・果断な意思決定を行うための仕組み…の実現に資する主要な原則を取りまとめたもの」(5)かどうかはともかく、事実上、「お上」が唯一解として企業に強制する規制である。「自主」規制を主導する東京証券取引所が金融庁に頭が上がらないことは、業界の常識であろう。

「コーポレートガバナンス・コード」作成の過程で、かりに「社外取締役＝倒産請負人」論を検討しなかったにしても、このような暴論はためにする議論にすぎず、真面目に取り合う必要はないということかもしれない。

しかしながら、「コーポレートガバナンス・コード」が事実上強制されることによってもたらされる、検討の過程で見逃された想定外の深刻なマイナスの影響などあり得ないと、改革論者や金融庁は断言できるだろうか。そもそも、このコードがなぜ導入されたかといえば、それまでの改革の試みが当初の想定どおり機能せず、弊害が生じていたという認識に基づいているからではないのか。

我々は自分が何を知らないかということすら知らないという根源的無知のもとに生きている。結果がすべての市場競争が、我々の限られた認識能力に対処する巧妙なメカニズムであるのに対し、唯一解を社会に強制する規制は、結果に至るプロセスを正しく理解することを人間に要求する。高度化・複雑化した社会では、その認識上の負荷は人間の手に余る。

企業間の市場競争と違い、規制が根源的無知という認識上の問題に対処できないのは、唯一解を強制することに原因がある。規制当局が問題を解決できないならば、問題自体を解消してしまえばよい。それには2通りのアプローチが考えられる。

まず、強制という要素を取り除くこと。政府にせよ自主規制機関にせよ、推奨するデフォルトはあっても、提供するのはあくまでテンプレートであって、企業が任意に設定を変更できるようにするのである。もちろん、デフォルトを変更するワープロユーザーと同じく、企業には「『実施しない理由』を十分に説明する」必要などない。

次に、強制を伴うにしても、唯一解という要素を取り除くこと。たとえば、会計基準においても、サンダーらが提唱[6]しているように、結果的に市場の要望に応えた基準が生き残ることになるよう、複数の基準間で競争が可能となるような枠組みを構築するのである。

斎藤静樹東大名誉教授が指摘しているように、金融危機の際、ＩＡＳＢは「金融商品の全面公正価値会計という教義にも似た目標をしばらく伏せて」、米国ＦＡＳＢが容認する資産評価における保有「意図ベースの処理という否定し続けてきたルールへ逆行」した。「米国基準がＩＦＲＳと違っていたから救われたという皮肉な結果」となったのだ。結局、「世界が単一基準でなかったからこそ危機対応ができた」のである[7]。

ここまで、認識の問題に焦点を絞り、インセンティブの問題を取り上げなかった。もちろん、市場原理主義者臭ぷんぷんの筆者とて、コーポレートガバナンス改革論の前提となっている認識、すなわち、他の当事者の利益を犠牲にして、不当に私益を追求する悪い経営者がいることを否定するわけではない。

「批判するだけなら誰でもできる」という表現は、月並みながら、確かにそのとおりである。そこで、会計学者らしく（？）本書の結びとして、会計測定を例に、悪い奴に対処すべく、対応可能な単純な部分と、大人の判断に任せる複雑な部分に分けて、規制をもっぱら前者に限る具体策を提案する。

といっても、筆者に名案か浮かぶわけもない。実際は、井尻雄士らが提唱した実測予測財務諸表（intertemporal financial statements）[8]の紹介である。

事実と予測の分離

会計不祥事を契機とする世間一般やコーポレートガバナンス改革論者の会計への不信感の背景には、会計は判断不要のつまらない過去の単純な記録作業（bean counting）であり、経営者が正直に報告するよう強制すればよいという考え方がみてとれる。

しかし、今期の利益は、たとえば、将来の貸倒れを見込まずには確定できない。会社の設立から清算までを1期と考え、超長期の損益計算書を清算後に1つだけ作ればよい場合を別にすれば、期間損益には未来の予測が不可欠なのである。昨今のように財務諸表の投資判断有用性が重視されればされるほど、不確実な未来の予測を取り込まざるを得なくなる。

実際、時価重視の今日の会計基準において議論が生じているのは、そのほとんどが、過去の記録と考えられている会計データに、いかに未来の予測を反映させるかをめぐってである。にもかかわらず、世間の「会計＝単純な記録作業」観に基づけば、たとえ経営者が最善を尽くしても、予測が結果的に間違っていれば嘘をついたことになってしまい、会計監査人も共犯者ということになる。

とはいえ、表沙汰になった会計粉飾事例をみると、立場を利用して本当に嘘をつく悪い経営者がいることも事実である。そこで、会計データを、嘘をついたかどうかが明確に判断できる部分と、あくまで予測であり自己責任で投資家が利用すべき部分に分離し、会計データの信頼性と有用性というしばしば相反する要求に応えようとしたのが、実測予測財務諸表なのだ。簡単な数値例でそのエッセンスを解説する。

図表18・1　取引と仕訳

①株式会社を20の現金出資で設立	現　　金	20	資 本 金	20
②30の売上があり、売上債権を計上	売上債権	30	売　　上	30
③給与として15を現金で支払	費　　用	15	現　　金	15
④将来の年金支払に備え10を負債計上	費　　用	10	年金負債	10

図表18・2　通常の財務諸表

期末貸借対照表

現金	5
売上債権	30
資産計	35
年金負債	10
資本金	20
利益剰余金	5
負債・資本計	35

損益計算書

売上	30
費用	△25
利益	5

図表18・3　実測予測財務諸表

期末貸借対照表

	事実	予測	合計
現金	5		5
売上債権		30	30
資産計	5	30	35
年金負債		10	10
資本金	20		20
利益剰余金	△15	20	5
負債・資本計	5	30	35

損益計算書

	事実	予測	合計
売上		30	30
費用	△15	△10	△25
利益	△15	20	5

ある企業の1年間の取引とその仕訳が**図表18・1**のとおりだったとしよう。

通常の財務諸表を用いた場合は、**図表18・2**のように開示される。一方、実測予測財務諸表では、4つの取引のうち、単純な過去の事実（実測）である①・③と、複雑な将来の予測である②・④は、**図表18・3**のように区別して開示される。

検証可能な事実部分と有用ではあっても検証不可能な予測部分に分けて経営者に財務報告を行わせ、会計監査の対象は原則として前者のみとする。現状では、誰もわからない将来年金負担の割引現在価値に対して、無意味なお墨付きを与える権限と責任を会計監査人に負わせるかたちになっている。それに対し、実測予測財務諸表のもとでは、会計監査人は実現可能なこと、すなわち過去の事実の検証に全力を注ぐことができる。

原則として、事実＝現金取引、予測＝非現金取引であるけれども、掛売りの販売も代金が確定していれば事実とし、予測は貸倒引当金として評価することも考えられる。何が事実で何が予測かは、それほど単純明快なことではない。むしろ、それを決めることが会計監査人の大きな役割となってくる。実測予測財務諸表は、有用性という青い鳥を追いかけた結果、複雑になりすぎた会計基準を、限られた認識能力しかない我々の身の丈にあったものにすることを可能にする。

複雑さをありのままに受け入れつつ、解決可能な問題にはきっちり対処し責任を取る、控えめではあっても信頼できる大人の対応である。さらに、今日の会計基準では唯一の目的（正義かな？）となった投資判断有用性[9]によって片隅に追いやられた、アカウンタビリティの確保という視点の復権でもある[10]。

会計は自由だ！

川本淳学習院大元教授らが「読者が行き着く最終形態として会計学者を想定して」書いた初学者向け教科書[11]に、大学生に限らず会計を学ぶ者の多く（ほとんど？）の人が抱いているだろう会計観が一言で表現してある。「会計はダルい」。

なぜ会計はダルいのか？　たぶん、覚えなければいけないこと（教員サイドからだと教えなければばならないこと）が延々と続くせいだと思います。…それでも、左の耳で聞いた話と右の耳で聞いた話とが、脳の真ん中で合体して、とんでもない結末を迎えるといった展開があれば、おもしろく聞ける（話せる）と思います。でも、たいていは、まるで山頂が見えないまま富士山を登っているようで、授業の途中でも…ため息が出てしまいます。教えているほうがこうだったら、聞かされているほうはもっと大変でしょう。

実務志向の今日、会計の基本ぐらいは知らないとまずいと考える学生はそこそこいる。そのおかげで、会計の授業には一定の需要があり、教員も必要ということで、筆者にもその恩恵が及んでいるわけである。

とはいえ、大学で会計として教えられていることが、学生の好奇心を刺激し、知的満足を与えるようなものになっているだろうか。物理や歴史はもちろんのこと、お隣の「陰気な学問」（dismal science）経済学と比べても、会計学者でイエスと自信を持って答えられる者の数は少ないに違いない。

確かに、微に入り細をうがつというのか、あるいは重箱の隅をつつくというのか、近年ますます複雑化する基準や規則でがんじがらめ、会計には学問に不可欠な創造性を発揮する余地がないようにみえる。

しかし、教育・研究対象としての会計の困難さは、むしろ会計が自由すぎることにある。基準のさらなる複雑化や国際的統一への動きは、この自由からのはかない逃避行なのだ。

最後は、わが恩師井尻雄士先生が半世紀近く前に行った講演(12)の一節で締めくくりたい。

会計人は自らの選択において本質的に自由ゆえ、その選択の全責任をただ1人で引き受けねばならない。会計人は自らの自由に苦しむのだ。理論、先例、一般に認められた会計原則等々に縛られたいと思っても、それらはすべて、我々皆がここ数年に経験したように、ちょっとした潮流の変化で、崩れ落ちてしまう。

会計は自由だ！

10 井尻の主著は「会計の本質が会計責任（accountability）に由来するものであるという考え方にもとづいて書かれている」（井尻 1975，ｉ頁；Ijiri 1975a，ix頁）。
11 川本ほか（2015，ｉ-ｖ頁）。
12 Ijiri（1975b）。残念ながら本講演は公刊されていない。ただし，Ijiri（1980）に同様の会計観が示されている。

（参考文献）

井尻雄士（1975）『会計測定の理論』東洋経済新報社。

井尻雄士（2004）「国際会計基準と複合通貨その他の諸問題」『青山マネジメントレビュー』5号14-23頁。

川本淳，野口昌良，勝尾裕子，山田純平，荒田映子（2015）『はじめて出会う会計学』（新版）有斐閣。

斎藤静樹（2019［2009］）『会計基準の研究』（新訂版）中央経済社。

福井義高（2004）「規制ではなく競争を：会計基準・監査への市場メカニズム導入」『京滋CPAニュース』第357号7-10頁。

Dye, R. A., and S. Sunder. 2001. Why not Allow FASB and IASB Standards to Compete in the U.S.? *Accounting Horizons* 15(3): 257–271.

Glover, J. C., Y. Ijiri, C. B. Levine and P. J. Liang. 2005. Separating Facts from Forecasts in Financial Statements. *Accounting Horizons* 19(4): 267-282.

Ijiri, Y. 1975a. *Theory of Accounting Measurement.* American Accounting Association.

Ijiri, Y. 1975b. *The Accountant: Destined to be Free, Graduate School of Industrial Administration*, Carnegie-Mellon University.

Ijiri, Y. 1980. An Introduction to Corporate Accounting Standards: A Review. *Accounting Review* 55(4): 620-628.

Sunder, S. 2002. Regulatory Competition among Accounting Standards within and across International Boundaries. *Journal of Accounting and Public Policy* 21(3): 219-234.

（第２刷追加）

第６～８章の内容は下記に一部依拠している。

福井義高（2019）「連載：資本コスト再入門」『企業会計』71巻７-９号。

第17章　複雑さをありのままに

(注)

1　「人生下り坂最高！」は，NHK BS放送「にっぽん縦断こころ旅」で日本全土を自転車に乗って旅する火野正平の名（迷）言。
2　詳しくは，Friedman（2009; 2019）およびFriedman and Kraus（2011，４章）を参照。
3　Segal（2010）。
4　Friedman（2009，162頁）。ここでは原文のsocial democracyを「現代デモクラシー」と訳した。フリードマンは，今日の先進国では政府が社会・経済問題に介入することが当然視されており，政党間の違いは介入する分野の選択や手法の差にすぎないことを念頭に，social democracyという用語を使っている。要するに，先進国はすべてsocial democracyであり，我々が通常思い浮かべる「社会民主主義」とは一致しない。米国の民主・共和両党も，国会に議席を持つすべての日本の政党も，social democracyの枠内で争っているわけである。
5　Friedman（2009，165頁）。
6　Friedman（2009，159頁）。

(参考文献)

Friedman, J. 2009. A Crisis of Politics, Not Economics: Complexity, Ignorance, and Policy Failure. *Critical Review* 21(2-3): 127-183.

Friedman, J. 2019. *Power Without Knowledge*. Oxford University Press.

Friedman, J., and W. Kraus. 2011. *Engineering the Financial Crisis: Systemic Risk and the Failure of Regulation*. University of Pennsylvania Press.

Segal, D. 2010. The X Factor of Economics. *New York Times*, October 17.

第18章　会計は自由だ！

(注)

1　「コーポレートガバナンス・コードについて」。
2　基本原則５。
3　原則４－７。
4　実際には，現金でインセンティブづけられた学生であり，現実のしがらみがない分，本物の投資家よりも，より純粋に企業価値最大化を目指すはずである。
5　「コーポレートガバナンス・コードについて」。
6　Dye and Sunder（2001）およびSunder（2002）。
7　斎藤（2019，425頁）。
8　井尻（2004）およびGlover *et al.*（2005）。福井（2004）も参照。
9　IASBの概念フレームワークには，「一般目的財務報告の目的は，現在の及び潜在的な投資者，融資者及び他の債権者が企業への資源の提供に関する意思決定を行う際に有用な，報告企業についての財務情報を提供すること」（1.2項）とある。

3 Friedman（1953）およびAlchian（1950）。フリードマンは，先にアルチアンが公表した論文で同旨の議論が展開されていると記しつつ，自らはそれとは独立に同じ結論に達したと述べている（19頁）。
4 Friedman and Savage（1948）。なお，森鴎外にも影響を与えたハンス・ファイヒンガーの「かのように哲学」（Philosophie des Als Ob）との関係は不明。
5 Friedman and Savage（1948，298頁）。原文イタリックは太字とした。
6 Friedman（1953，22頁）。
7 たとえば，Watts and Zimmerman（1986）やZimmerman（2019）。学部上級生・大学院生向け管理会計教科書である後者では，第１章から「経済的ダーウィン主義」（economic Darwinism）の重要性が強調され，「本書全体で繰り返し適用されている」（９頁）。
8 基準は，生産者余剰＋消費者余剰の大小。
9 Gode and Sunder（1993，134頁）。
10 コンピューター上の存在なので，「同じユニットのまま」というべきか。
11 Radner（1998），Dutta and Radner（1999）。
12 ラドナー自身の表現によれば，"I am going to discuss problems of survival in 'normal times'"（Radner 1998，187頁）。
13 長期でみれば，純利益（earnings）と同じ。
14 Radner（1998，203頁）。
15 Radner（1998，206頁）。
16 Oprea（2014）

（参考文献）

Alchian, A. A. 1950. Uncertainty, Evolution, and Economic Theory. *Journal of Political Economy* 58(3): 211-221.

Dutta, P. K., and R. Radner. 1999. Profit Maximization and the Market Selection Hypothesis. *Review of Economic Studies* 66(4): 769-798.

Friedman, M. 1953. *Essays in Positive Economics*. University of Chicago Press.

Friedman, M., and L. J. Savage. 1948. The Utility Analysis of Choices Involving Risk. *Journal of Political Economy* 56(4): 279-304.

Gode, D. K., and S. Sunder. 1993. Allocative Efficiency of Markets with Zero-Intelligence Traders: Markets as a Partial Substitute for Individual Rationality. *Journal of Political Economy* 101(1): 119-137.

Oprea, R. 2014. Survival versus Profit Maximization in a Dynamic Stochastic Experiment. *Econometrica* 82(6): 2225-2255.

Radner, R. 1998. Economic Survival. In D. P. Jacobs, E. Kalai, and M. I. Kamien (eds.), *Frontiers of Research in Economic Theory*. Cambridge University Press.

Watts, R. L., and J. L. Zimmerman. 1986. *Positive Accounting Theory*. Prentice-Hall（須田一幸訳『実証理論としての会計学』白桃書房）.

Zimmerman, J. L. 2019. *Accounting for Decision Making and Control, 10th Edition*. McGraw-Hill.

第15章　大事なのは最大化それとも予算制約？

（注）

1　あとの２人はジョン・ハルサニとラインハルト・ゼルテン。
2　ノーベル賞ホームページ(http://www.nobelprize.org/nobel_prizes/economicsciences/laureates/1994/)。
3　岡田（2021，7-8頁）。
4　Kadane *et al.*（1993，５頁）。
5　Kydland and Prescott（1977）。2004年に共同でノーベル経済学賞受賞。
6　McCallum（1997，108-109頁）。
7　第１章第８条第５項および第10条第１項。
8　Gode and Sunder（1993）。
9　Gode and Sunder（1993，120頁）。同様の観点からの理論的研究として，彼らも引用しているBecker（1962）を参照。
10　正確には，生産者余剰＋消費者余剰。
11　それぞれ一様分布に従う費用と償還価値が，一売買単位ごとにランダムに与えられている。
12　Gode and Sunder（1993，133頁）。

（参考文献）

岡田章（2021）『ゲーム理論』（第３版）有斐閣。

福井義高（2008）『会計測定の再評価』中央経済社。

Becker, G. S. 1962. Irrational Behavior and Economic Theory. *Journal of Political Economy* 70(1): 1-13.

Gode, D. K., and S. Sunder. 1993. Allocative Efficiency of Markets with Zero-Intelligence Traders: Markets as a Partial Substitute for Individual Rationality. *Journal of Political Economy* 101(1): 119-137.

Kadane, J. B., *et al.* 1993. Several Bayesians: A Review. *Test* 2(1-2): 1-32.

Kydland, F. E., and E. C. Prescott. 1977. Rules Rather than Discretion: The Inconsistency of Optimal Plans. *Journal of Political Economy* 85(3): 473-491.

McCallum, B. T. 1997. Crucial Issues concerning Central Bank Independence. *Journal of Monetary Economics* 39(1): 99-112.

第16章　利益最大化と共に去りぬ

（注）

1　手元にある米国の標準的辞書（*Webster's New World College Dictionary*）には，"payment over and above salary given to an employee as an incentive or reward"とある。
2　「白い白馬」同様，added bonusという表現は重言なので避けるべきという意見もある。

Wiese, L. v. 1929. Die Konkurrenz, Vorwiegend in Soziologisch-Systematischer Betrachtung. *Verhandlungen des 6. Deutschen Soziologentages*: 15-35.

第14章 たかが会計，されど会計

（注）

1 もう１人はバートランド・ラッセル。
2 Whitehead（1911，61頁）。
3 たとえば，Boyle *et al.*（2015）を参照。
4 Goethe（1949，39頁），原文は“eine der schönsten Erfindungen des menschlichen Geistes”。
5 Mises（2006，86頁）。
6 専門分野を「会計情報・制度の経済分析」と称している筆者も含め，経済学の理解に疑問符のつく会計研究者が少なくないことは別の問題である。
7 Stiglitz（1994，131頁）。
8 Kornai（1979，806頁）。
9 Kornai（1986，４頁）。傍点は筆者。
10 Kornai（1986，12頁）。
11 Maskin（1996，128-129頁）。
12 Demsetz（1996，486-488頁）。
13 「大きすぎて潰せない」（too big to fail）金融機関は例外かもしれない。

（参考文献）

Boyle, D. M., B. W. Carpenter and D. R. Hermanson. 2015. The Accounting Faculty Shortage：Causes and Contemporary Solutions. *Accounting Horizons* 29(2): 245-264.
Demsetz, H. 1996. Rationality, Evolution, and Acquisitiveness. *Economic Inquiry* 34(3): 484-495.
Goethe, J. W. 1949 [1796]. *Wilhelm Meisters Lehrjahre*. Artemis Verlag.（山崎章甫訳『ヴィルヘルム・マイスターの修業時代』岩波書店）
Kornai, J. 1979. Resource-Constrained versus Demand-Constrained Systems. *Econometrica* 47(4): 801-819.
Kornai, J. 1986. The Soft Budget Constraint. *Kyklos* 39 (1): 3-30.
Maskin, E. S. 1996. Theories of the Soft Budget-Constraint. *Japan and the World Economy* 8(2): 125-133.
Mises, L. v. 2006 [1927]. *Liberalismus*. Academia Verlag.
Stiglitz, J. E. 1994. *Whither Socialism?* MIT Press.
Whitehead, A. N. 1911. *An Introduction to Mathematics*. Henry Holt.

第13章　根源的無知のもとでの仮説検定

(注)

1　2014年7月9日付朝刊。
2　2016年4月7日，自ら策定したグループの人事案が取締役会で否決され，会長辞任。「『獅子身中の虫がいた』。鈴木敏文セブン&アイ・ホールディングス会長は会見で，退任を迫った井阪隆一セブン-イレブン・ジャパン社長をこう評し，後継者育成ができなかったと嘆いた」（『日本経済新聞』2016年4月8日付朝刊）。
3　科学的仮説の反証の困難さについては，福井（2011）を参照。
4　Friedman（2005，xxviii頁）の挙げる例をアレンジした。
5　Hirschman（1970）。
6　Hayek（1978，187頁）。
7　Hayek（1978，182頁）。
8　Friedman（2005，xxvii頁）。
9　Hayek（1978，179頁）。
10　Wiese（1929，27頁）。
11　ここでの主張とは逆に，今日のオーストリア学派を代表するイスラエル・カーズナーは，起業家の機敏さ（alertness）がもたらす市場均衡作用（market equilibration）を重視している。詳しくはKirzner（1997；2013）を参照。
12　Vaughn（1994，146頁）。
13　Friedman（2006，493頁）。
14　Mises（2007，582頁）。
15　Friedman（2006，494頁）。

(参考文献)

福井義高（2011）「会計研究の基礎概念」斎藤静樹ほか責任編集『体系現代会計学第1巻：企業会計の基礎概念』（中央経済社）。

Friedman, J. 2005. Popper, Weber, and Hayek：The Epistemology and Politics of Ignorance. *Critical Review* 17(1-2): i-lviii.

Friedman, J. 2006. Taking Ignorance Seriously：Rejoinder to Critics. *Critical Review* 18(4): 467-532.

Hayek, F. A. 1978. *New Studies in Philosophy, Politics, Economics and the History of Ideas.* University of Chicago Press.

Hirschman, A. O. 1970. *Exit, Voice, and Loyalty: Responses to Decline in Firms, Organizations, and States.* Harvard University Press.

Kirzner, I. M. 1997. Entrepreneurial Discovery and the Competitive Market Process：An Austrian Approach. *Journal of Economic Literature* 35(1): 60-85.

Kirzner, I. M. 2013 [1973]. *Competition and Entrepreneurship.* Liberty Fund.

Mises, L. v. 2007 [1949]. *Human Action: A Treatise on Economics.* Liberty Fund.

Vaughn, K. I. 1994. *Austrian Economics in America: The Migration of a Tradition.* Cambridge University Press.

第12章　起業家精神に不可欠な無知

（注）

1　関係会社として株式を保有する場合や経営者が大株主である場合などは別である。
2　スミスの過大評価に対する異議申立てとして，Schumpeter（1954）がある。福井（2011）も参照。
3　Smith（1981，１巻27頁，邦訳１巻53頁）。
4　Friedman（2006，497頁）。原文イタリックを太字とした。本章の以下の部分は，当該論文，Friedman（2005），Evans and Friedman（2011）など，フリードマンの議論に拠る部分が多い。彼のこれまでの研究の集大成ともいえるFriedman（2019）も参照。
5　Hayek（1978，268-269頁）。
6　Evans and Friedman（2011，96頁）。原文イタリックを太字とした。
7　Friedman（2005，xiv頁）。
8　Ikeda（2003，67頁）。
9　Kirzner（1997，62頁）。
10　ここでいう不確実性はKnight（1985）がいうriskに相当し，無知がuncertaintyに相当する。

（参考文献）

福井義高（2011）「公正価値会計の経済的帰結」『金融研究』（日本銀行金融研究所）30巻３号19-71頁。

Evans, A. J., and J. Friedman. 2011. "Search" vs. "Browse" : A Theory of Error Grounded in Radical (Not Rational) Ignorance. *Critical Review* 23(1-2): 73-104.

Friedman, J. 2005. Popper, Weber, and Hayek: The Epistemology and Politics of Ignorance. *Critical Review* 17(1-2): i-lviii.

Friedman, J. 2006. Taking Ignorance Seriously: Rejoinder to Critics. *Critical Review* 18 (4): 467-532.

Friedman, J. 2019. *Power Without Knowledge*. Oxford University Press.

Hayek, F. A. 1978. *New Studies in Philosophy, Politics, Economics and the History of Ideas*. University of Chicago Press.

Ikeda, S. 2003. How Compatible Are Public Choice and Austrian Political Economy? *Review of Austrian Economics* 16(1): 63-75.

Kirzner, I. M. 1997. Entrepreneurial Discovery and the Competitive Market Process: An Austrian Approach. *Journal of Economic Literature* 35(1): 60-85.

Knight, F. H. 1985 [1921]. *Risk, Uncertainty and Profit*. University of Chicago Press.

Mandeville, B. 1924 [1714]. *The Fable of the Bees: Or, Private Vices, Publick Benefits*. Oxford University Press（泉谷治訳『蜂の寓話―私悪すなわち公益』法政大学出版局).

Schumpeter, J. A. 1954. *History of Economic Analysis*. Oxford University Press.

Smith, A. 1981 [1776]. *An Inquiry into the Nature and Causes of the Wealth of Nations*. Liberty Fund（大河内一男監訳『国富論』中央公論新社).

41 『日本経済新聞』2020年11月25日付朝刊。デロイトトーマツグループなどが2020年夏に実施したアンケートに回答した954社のうち，売上高１兆円以上52社のメディアン。正確には9,887万円。

42 Stiglitz（1994，70-77頁）。

43 Cooper *et al.*（2016）。

44 Dorff（2014）。

45 Mishel and Kandra（2020）のデータに基づいて作成。

（参考文献）

福井義高（2017）「水素水とコーポレートガバナンス《改革》」『青山アカウンティング・レビュー』７号95-100頁。

三輪芳朗，Ｊ・マーク・ラムザイヤー（2007）『経済学の使い方』（日本評論社）。

三輪芳朗，J. M. Ramseyer（2015）「2014会社法改正，『コーポレートガバナンス・コード』と『社外取締役』」『大阪学院大学経済論集』第28巻第２号15-140頁。

Bainbridge, S. M. 2002. *Corporation Law and Economics*. Foundation Press.

Cooper, M. J., H. Gulen, and P. R. Rau. 2016. Performance for Pay? The Relationship between CEO Incentive Compensation and Future Stock Price Performance. Working Paper, Cambridge Judge Business School.

Dorff, M. B. 2014. *Indispensable and Other Myths: Why the CEO Pay Experiment Failed and How to Fix It*. University of California Press.

Miwa, Y., and J. M. Ramseyer. 2005. Who Appoints Them, What Do They Do? Evidence on Outside Directors from Japan. *Journal of Economics and Management Strategy* 14(2): 299-337.

Mishel, L., and J. Kandra. 2020. CEO Compensation Surged 14% in 2019 to $21.3 Million. Report August 18. Economic Policy Institute.

Piketty, T., E. Saez, and G. Zucman. 2018. Distributional National Accounts: Methods and Estimates for the United States. *Quarterly Journal of Economics* 133(2): 553-609.

Ribstein, L. E. 2010. *The Rise of the Uncorporation*. Oxford University Press.

Stiglitz, J. E. 1994. *Whither Socialism?* MIT Press.

Strine, L. E. 2006. Toward a True Corporate Republic: A Traditionalist Response to Bebchuk's Solution for Improving Corporate America. *Harvard Law Review* 119(6): 1759-1783.

Strine, L. E. 2014. Can We Do Better by Ordinary Investors? A Pragmatic Reaction to the Dueling Ideological Mythologists of Corporate Law. *Columbia Law Review* 114(2): 449-502.

Strine, L. E. 2021. Restoration: The Role Stakeholder Governance Must Play in Recreating a Fair and Sustainable American Economy - A Reply to Professor Rock. *Business Lawyer* 76(2): 397-435.

Wootton, D. (ed.). 2003. *The Essential Federalist and Anti-Federalist Papers*. Hackett.

11 Ribstein（2010，203頁）。
12 Bainbridge（2002，270-271頁）。
13 Miwa and Ramseyer（2005，301頁）。
14 三輪・ラムザイヤー（2007，234頁）。
15 三輪・ラムザイヤー（2007，245-246頁）。
16 Miwa and Ramseyer（2005）の実証分析では，取締役と並んで監査役も含まれる。1993年商法改正で社外監査役１名が義務づけられている。この論文を一般向けにわかりやすく解説したのが，三輪・ラムザイヤー（2007，10・11章）である。
17 三輪・ラムザイヤー（2007，250頁）。
18 三輪・ラムザイヤー（2007，243頁）。
19 正確にはフォーチュン500。「デラウェア州政府ホームページ」（http://www.corp.delaware.gov/aboutagency.shtml）。
20 Strine（2006，1763頁）。
21 Strine（2006，1765頁）。
22 Strine（2006，1783頁）。原文では2006年の時点で「過去四半世紀」となっている。
23 Strine（2014，499頁）。
24 Strine（2014，475頁）。
25 Strine（2021）。企業が生み出す付加価値を大きくするのではなく，従業員など他のステークホルダーの取り分を小さくすることによる株主利益最大化には否定的である。
26 Strine（2006，1777頁）。なお，米国憲法の父といわれる第４代大統領ジェームズ・マディソンは，代表民主制政体を「リパブリック」と呼び，米国のあるべき姿としている（Wootton 2003）。
27 Strine（2014，502頁）。
28 『日本経済新聞』2021年１月11日付朝刊。
29 60頁。
30 2020年８月21日公表。
31 株式に投資信託を加えた比率は，米国45%，日本13%。
32 Piketty *et al.*（2018）の2020年９月再推計データTable II（http://gabriel-zucman.eu/usdina/）に基づき，一部筆者推計。
33 国民の90%を占めるマス層といっても，下位50%すなわち国民の半数の（純）資産平均値はほぼゼロ，中位40%の平均値は27万ドル。
34 全体としてマス層に貸し越している富裕層（上位10%）のシェアは，111%となる。
35 不動産（価値）から控除されている。
36 FRB（連邦準備制度理事会）が毎年行っている調査（Report on the Economic Well-Being of U.S. Households）によると，ここ数年，米国民の３～４割は４百ドル（４万円）の緊急の出費を現預金やクレジットカードで支払うことができないと回答している（https://www.federalreserve.gov/publications/report-economic-well-being-us-households.htm）。
37 下位50%は借金のほうが多いのでマイナス６%，中位40%に限れば８%。
38 野村総合研究所の2020年12月21日付ニュースリリースに基づき，一部筆者推計。
39 原則４－２。以下，他の株価連動報酬も含め，「ストックオプション」と表現する。
40 Mishel and Kandra（2020）。

3　当該分野の第一人者による解説論文として，Antle and Demski（1988）を参照。
4　後述するように，エージェンシー理論においては，経営者は株主以上に危険回避的であると仮定されている。
5　Demsetz（1969）。なお，福井（2008，6章）も参照。
6　原則4－2。
7　補充原則4－2①。
8　ここでいう「政府」は，外部から強制力をもって介入する主体の総称である。金融庁という虎の威を借りる東京証券取引所もそうした主体の1つである。
9　Demsetz（1969，7頁）。
10　2015年5月11日付夕刊。
11　支配株主でもある経営者が少数株主の犠牲の上に自らの利益最大化を図ることが論点であれば，株主・経営者間の通常のプリンシパル－エージェント関係にすぎず，同族企業を持ち出す理由が不明である。
12　原則4－6。
13　原則4－8。

（参考文献）

田村威文，中條祐介，浅野信博（2021）『会計学の手法：実証・分析・実験によるアプローチ（第2版）』中央経済社。
福井義高（2008）『会計測定の再評価』中央経済社。
Antle, R., and J. S. Demski. 1988. The Controllability Principle in Responsibility Accounting. *Accounting Review* 63(4): 700-718.
Demsetz, H. 1969. Information and Efficiency: Another Viewpoint. *Journal of Law and Economics* 12(1): 1-22.

第11章　水素水とコーポレートガバナンス改革

本章の内容は福井（2017）に一部依拠している。

（注）

1　2016年5月31日付朝刊。
2　『日本経済新聞』2016年12月16日付夕刊。
3　『日本経済新聞』2017年3月4日付朝刊。
4　上記『東京新聞』記事での天羽優子山形大准教授の発言。
5　本節と同様の視点から，「コーポレートガバナンス・コード」を批判的に検討したものとして，三輪・Ramseyer（2015）を参照。
6　「原案」原則4－8背景説明（23頁）。
7　「原案」序文11（4頁）。
8　「原案」序文12（4頁）。
9　「原案」序文6（2頁）。
10　327条の2。

2　Malkiel（2013）。
3　大型株のインデックスはS&P 500，小型株はS&P Small-Cap 600，ハイイールド債はBarclays High Yield。Malkiel（2013，表３・４）に基づいて作成。
4　Rubinstein（2001），French（2008）。
5　Ervolini（2014）。
6　Sharpe（1991）。
7　Bogle（2005，22頁）。
8　アクティブ運用ファンドに限ると，257億ドルから２兆4,736億ドルに96倍増。
9　Malkiel（2013，表１）に基づいて作成。
10　機関投資家向けアクティブ運用は2011年の数値。Malkiel（2013，表１・２および100頁）に基づいて作成。
11　Bogle（2014）が指摘するように，ここでは考慮されていない間接経費を含めれば，アクティブ運用経費率はもっと高くなる一方，インデックス運用経費率は変わらないので，両者の差はもっと大きい可能性がある。
12　Malkiel（2013，108頁）。
13　『日本経済新聞』2020年10月14日付朝刊。相続税減免は2021年４月から実施されている。

（参考文献）

Bogle, J. C. 2005. The Relentless Rules of Humble Arithmetic. *Financial Analysts Journal* 61(6): 22-35.

Bogle, J. C. 2014. The Arithmetic of "All-In" Investment Expenses. *Financial Analysts Journal* 70(1): 13-21.

Ervolini, M. A. 2014. Skill or Be Skilled. *CFA Institute Magazine* 25(6): 14-15.

French, K. R. 2008. Presidential Address: The Cost of Active Investing. *Journal of Finance* 63(4): 1537-1573.

Gawande, A. 2004. Annals of Medicine: The Bell Curve. *New Yorker* 80(38): 82-91.

Malkiel, B. G. 2013. Asset Management Fees and the Growth of Finance. *Journal of Economic Perspectives* 27(2): 97-108.

Palepu, K. G., and P. M. Healy. 2013. *Business Analysis and Valuation: Using Financial Statements, Fifth International Edition*. Cengage.（斎藤静樹監訳『企業分析入門』（第２版）東京大学出版会）

Rubinstein, M. 2001. Rational Markets: Yes or No? The Affirmative Case. *Financial Analysts Journal* 57(3): 15-29.

Sharpe, W. F. 1991. The Arithmetic of Active Management. *Financial Analysts Journal* 47(1): 7-9.

第10章　求む社外取締役，ただし聖人限定

（注）

1　田村ほか（2021）。袖には「『科学としての会計学』を学ぶ！」とある。
2　田村ほか（2021，137頁）。

値が同じだから同価値とみなすような態度である。

4　第7章で分散投資によるシナジーとの関連で述べた。

5　Cochrane（2014）。いわゆるナローバンクである。詳しくは福井（2019-2020）を参照。

6　Admati and Hellwig（2013，101頁）。

7　Modigliani and Miller（1958）。ここでの議論とは直接関係ないので，利子が損金算入できる法人税課税の非対称性の問題は考慮しない。

8　EVAについては，福井・織田（2002）を参照。

9　一部の機関投資家が盛んに求める大掛かりな自社株買いは，レバレッジを高めるのと同じ効果をもたらす。

10　Fama（1996，427頁）を参照。

11　伊藤邦雄一橋大教授（当時）を座長とする経済産業省『「持続的成長への競争力とインセンティブ～企業と投資家の望ましい関係構築～」プロジェクト最終報告書』。引用箇所は36頁。

12　Thomas and Zhang（2009）を参照。なお，正確にはフローについても，減価償却費や売上（仕入）原価が過去の価格水準を反映するので，インフレの場合，費用に下方バイアスすなわち利益に上方バイアスがかかる。したがって，インフレは分母（資本）だけでなく，分子（利益）を通じても，ROEに上方バイアスをもたらす。当然ながら，デフレの場合は逆である。

（参考文献）

福井義高（2019-2020）「連載：『おカネ』はどこから来て，どこへ行くのか」『企業会計』71巻11号-72巻5号。

福井義高・織田恭司（2002）「残余利益に基づく業績評価：EVA®を中心に」『企業会計』54巻4号119-126頁。

Admati, A., and M. Hellwig. 2013. *The Bankers' New Clothes*. Princeton University Press.（土方奈美訳『銀行は裸の王様である』東洋経済新報社）

Brealey, R. A., S. C. Myers, and F. Allen. 2019. *Principles of Corporate Finance, 13th Edition*. McGraw-Hill.（藤井眞理子ほか訳『コーポレート・ファイナンス』（上・下）日経BP社）

Cochrane, J. H. 2014. Toward a Run-free Financial System. In M. N. Baily and J. B. Taylor (eds.), *Across the Great Divide: New Perspectives on the Financial Crisis*. Hoover Press.

Fama, E. F. 1996. Discounting under Uncertainty. *Journal of Business* 69(4): 415-428.

Modigliani, F, and M. H. Miller. 1958. The Cost of Capital, Corporation Finance and the Theory of Investment. *American Economic Review* 48(3): 261- 297.

Thomas, J., and F. Zhang. 2009. Understanding Two Remarkable Findings about Stock Yields and Growth. *Journal of Portfolio Management* 35(4): 158-165.

第9章　それでも（自称）プロにおカネを託しますか？

（注）

1　Palepu *et al.*（2013，9-5頁，邦訳350頁）。

6　相関係数がプラス１。
7　厳密には個数が無限でないかぎり，完全にリスクゼロにはならない。

(参考文献)

Cochrane, J. H. 2005. *Asset Pricing, Revised Edition.* Princeton University Press.

第７章　企業の資本コストというまぼろし

(注)

1　企業段階での分散投資と資産価値の加法性に関しては，Brealey *et al.*（2019，189-190頁）を参照。
2　牛島（2015），Ushijima（2016）。
3　厳密には，個人は労働者であると同時に投資家なので，人的資産リスクの減少は，その他の資産保有パターンに影響し，資産価値が変動する可能性がある。
4　原則５－２。
5　この枠組みは，投資成果の残余請求権者は投資家だけではないというステークホルダー理論とも両立する。経営者・労働者その他のステークホルダーと分け合ったあと，投資家の取り分となった部分だけが資産価値に反映されていると考えればよい。
6　資産価値の加法性と企業の資本コストが加重平均となることは，この仮定に依存しない。
7　Brealey *et al.*（2019，454頁）。

(参考文献)

牛島辰男（2015）「多角化ディスカウントと企業ガバナンス」『フィナンシャル・レビュー』通巻第121号69-90頁。

Brealey, R. A., S. C. Myers, and F. Allen. 2019. *Principles of Corporate Finance, 13th Edition*. McGraw-Hill.（藤井眞理子ほか訳『コーポレート・ファイナンス』（上・下）日経BP社）

Ushijima, T. 2016. Diversification, Organization, and Value of the Firm. *Financial Management* 45(2): 467-499.

第８章　地獄への道はハイリターン投資で敷き詰められている

(注)

1　IRRについて詳しくは，その問題点も含め，Brealey *et al.*（2019，114-122頁）を参照。
2　この例のような１期間ではなく多期間の場合，代数的に解くことは困難（あるいは不可能）ながら，エクセルのゴールシーク機能などを使えば簡単に数値解が得られる。おそらく実務ではそうしていると思われる。
3　ファイナンス理論は，期待値最大化ではなく期待効用最大化を前提に組み立てられている。ただし，投資家が危険中立的である場合，両者は一致する。危険中立とは，半々の確率で０円か２億円のギャンブルと確実に１億円受け取れる無リスク投資を，期待

7　５頁注２。
8　投資家にとっては，正確には配当流列。
9　議論の本筋と関係ないので，デフォルトの可能性は無視する。
10　Cochrane（2014，２頁）。
11　資本コスト変動は水平のイールドカーブの上下変動となる。この仮定は議論をいたずらに複雑にしないためで，議論の本質には関係ない。
12　住宅ローンを固定金利で借りるほうが安全と考える人も同じである。
13　キャッシュフローのヘッジに関しては，斎藤（2019，12章）を参照。
14　前節と違い，フローも資本コストも同一ではない一般的な場合を考えるので，あくまで図式的な表現である。
15　「コーポレートガバナンス・コード」の副題。
16　Cochrane（2011，1050頁）。
17　Arrowstreet Capital（https://www.arrowstreetcapital.com/）。
18　Campbell *et al.*（2010，317頁）。同様の指標を使った先行研究として，Cohen *et al.*（2009）。
19　Campbell *et al.*（2010，341頁）。
20　Fama（1996，427頁）。

（参考文献）

斎藤静樹（2019［2009］）『会計基準の研究』（新訂版）中央経済社。

Campbell, J. Y., C. Polk, and T. Vuolteenaho. 2010. Growth or Glamour? Fundamentals and Systematic Risk in Stock Returns. *Review of Financial Studies* 23(1): 305-344.

Cochrane, J. H. 2011. Presidential Address: Discount Rates. *Journal of Finance* 66(4): 1047-1108.

Cochrane, J. H. 2014. A Mean-Variance Benchmark for Intertemporal Portfolio Theory. *Journal of Finance* 69(1): 1-49.

Cohen, R. B., C. Polk, and T. Vuolteenaho. 2009. The Price IS（Almost）Right. *Journal of Finance* 64(6): 2739-2782.

Fama, E. F. 1996. Discounting under Uncertainty. *Journal of Business* 69(4): 415-428.

第６章　報われないリスク

（注）

1　45項。引用にあたり，指針の「キャッシュ・フロー」という表現は，本文に合わせ「キャッシュフロー」に変更した。
2　46項。
3　詳しくは，Cochrane（2005）など中上級のファイナンス教科書を参照。
4　１つではなく，市場全体の変動のなかには複数の要素（ファクター）があってもよい。
5　10個，100個は二項分布をそのまま用い，１万個以上の場合は正規近似した。個数は整数値なので，それぞれの確率ぴったりの範囲ではなく，その確率に最も近くなる上下限値を記した。

リーンサープラス関係について，詳しくは福井（2011）を参照。
15　6.85項。
16　「討議資料：財務会計の概念フレームワーク」。背後にある考え方については斎藤（2019）を参照。
17　本節の内容について，詳しくは福井（2008）を参照。
18　資本取引を考慮しても，その情報は開示されているので，ここでの議論がそのまま通用する。なお，銀行に対する自己（株主）資本比率規制など，企業行動に実体的影響を与える規制が特定の会計情報に基づいて行われる場合，情報の内容ではなく開示方法により，株価が影響を受けることはありうる。この場合は，開示情報に価値関連性があるのではなく，規制が開示方法を通じて株価に影響を与えることになる。
19　ここでは実証研究者の間でゲームのルールがどうなっているかは考慮しない。そもそも，自然科学におけるデータに基づく競合理論間のモデル選択と異なり，変数の情報価値の大小が論点であるのに，二者択一的問題設定をすること自体が疑問である。
20　変動する資本コストを明示的に取り入れた数少ない会計実証研究として，小野・村宮（2017）を参照。

（参考文献）

小野慎一郎・村宮克彦（2017）「クリーンサープラス関係を利用した時間的に変動する期待リターンの推計」『証券アナリストジャーナル』55巻10号70-81頁。

斎藤静樹（2019［2009］）『会計基準の研究』（新訂版）中央経済社。

福井義高（2008）『会計測定の再評価』中央経済社。

福井義高（2011）「公正価値会計の経済的帰結」『金融研究』（日本銀行金融研究所）30巻3号19-71頁。

Cochrane, J. H. 2011. Presidential Address: Discount Rates. *Journal of Finance* 66(4): 1047-1108.

Economic Sciences Prize Committee of the Royal Swedish Academy of Sciences. 2013. *Understanding Asset Prices: Scientific Background on the Sveriges Riksbank Prize in Economic Sciences in Memory of Alfred Nobel 2013*. Stockholm, Sweden.

Vuolteenaho, T. 2002. What Drives Firm-Level Stock Returns? *Journal of Finance* 57(1): 233-264.

第５章　無益で不確かな割引現在価値情報

（注）

1　８頁。
2　3.2項。
3　原則５－２。
4　原則１－４。
5　独立同分布（*i.i.d.;* independent and identically distributed）を仮定。
6　Cochrane（2011，1087頁）。意味を損なわない範囲で式を修正した。オリジナルは，

$$\text{Value of investment} = \frac{\text{Expected payout}}{R^f + \beta\,[\mathrm{E}(R^m) - R^f]}$$

である。

（参考文献）
福井義高（2017）「企業規模分布と統合理論：ミクロとマクロの橋渡しを目指して」『企業会計』69巻12号41-47頁。
Arnott, R. D., *et al.* 2021. Reports of Value's Death May Be Greatly Exaggerated. *Financial Analysts Journal* 77(1): 44-67.
Cochrane, J. H. 2011. Presidential Address: Discount Rates. *Journal of Finance* 66(4): 1047-1108.
Cochrane, J. H. 2013. Three Nobel Lectures, and the Rhetoric of Finance, John Cochrane's blog.（http://johnhcochrane.blogspot.jp/2013/12/three-nobel-lectures-and-rhetoric-of.html）
Economic Sciences Prize Committee of the Royal Swedish Academy of Sciences. 2013. *Understanding Asset Prices: Scientific Background on the Sveriges Riksbank Prize in Economic Sciences in Memory of Alfred Nobel 2013.*
Fama, E. F., and K. R. French. 1989. Business Conditions and Expected Returns on Stocks and Bonds. *Journal of Financial Economics* 25(1): 23-49.
Ijiri, Y., and H. A. Simon. 1977. *Skew Distributions and the Sizes of Business Firms*. North-Holland.
Simon, H. A. 1979. Rational Decision Making in Business Organizations. *American Economic Review* 69(4): 493-513.

第４章　変動する資本コストと利益流列の重要性

（注）

1 Economic Sciences Prize Committee（2013）。
2 Economic Sciences Prize Committee（2013, 42頁）。
3 Cochrane（2011, 1047頁）。
4 Cochrane（2011, 1051頁）。
5 Vuolteenaho（2002）。
6 Cochrane（2011, 1051-1052頁）。
7 3.9項。
8 3.2項。
9 概念フレームワークは「財務業績の計算書を単一の計算書で構成するのか２つの計算書で構成するのかを定めて」おらず,「純損益計算書」という用語で両者を一括している（7.15項 注11）。
10 7.16項。
11 以下，ここでの議論とは関係ないので，資本取引は無視する。
12 概念フレームワークではそれぞれ,「財政状態計算書」,「財務業績の計算書」と呼ばれている。
13 4.71項。
14 「一時的」としたのは，7.19項に,「原則として」（in principle），将来OCIから純損益に「振り替えられる」（reclassified）すなわちリサイクルされると明記してあるため。ク

11　Klamer（1989，180頁）。
12　期待収入が低下した場合も同様である。資産減の効果は，将来計上される利益低下に反映されるのに，ウィンドフォールを損失と認識すると，やはり二重計算になる。
13　期待収入変化の場合，この問題は起こらない。本文の例でいえば，ウィンドフォール250を配当しても，事前の期待収入＝利益100が維持される。

〔参考文献〕

斎藤静樹（2019［2009］）『会計基準の研究』（新訂版）中央経済社。

斎藤静樹・福井義高（2019）「操作性のある会計利益概念構築を目指して」ワーキングペーパー，青山学院大学。

福井義高（2011）「公正価値会計の経済的帰結」『金融研究』（日本銀行金融研究所）30巻3号19-71頁。

福井義高（2012）「ハイエク－ヒックス所得概念と学問としての会計の可能性」大日方隆編著『会計基準研究の原点』中央経済社。

de Roover, R. 1974. *Business, Banking, and Economic Thought: In Late Medieval and Early Modern Europe*. University of Chicago Press.

Fisher, I. 1930. *The Theory of Interest: As Determined by Impatience to Spend Income and Opportunity to Invest it*. Macmillan.

Hicks, J. R. 1946［1939］. *Value and Capital, Second Edition*. Oxford University Press.（安井琢磨・熊谷尚夫訳（1995［1951］）『価値と資本』岩波書店）

Kauder, E. 1953. Genesis of the Marginal Utility Theory: From Aristotle to the End of the Eighteenth Century. *Economic Journal* 63(251): 638-650.

Klamer, A. 1989. An Accountant among Economists: Conversations with Sir John R. Hicks. *Journal of Economic Perspectives* 3(4): 167-180.

第3章　変動する資本コストという事実

〔注〕

1　Simon（1979）。
2　Ijiri & Simon（1977）。その概要は福井（2017）を参照。
3　2013年10月16日付朝刊。
4　2013年10月18日付朝刊。
5　3人の業績を要約した欄には，当然ながらハンセンも登場する。
6　Economic Sciences Prize Committee（2013）。
7　Cochrane（2013）。
8　一般に期待フローは一定ではないので，正確な式ではない。
9　Fama and French（1989），Economic Sciences Committee（2013，28頁）。
10　Cochrane（2011，1072頁）。
11　最近のHMLファクターをめぐる議論についてはArnott *et al.*（2021）を参照。
12　あるいは株主資本簿価。

(参考文献)
斎藤静樹（2019［2009］）『会計基準の研究』（新訂版）中央経済社。
清水幾太郎（1972）『倫理学ノート』岩波書店。
福井義高（2012）「ハイエク－ヒックス所得概念と学問としての会計の可能性」大日方隆編著『会計基準研究の原点』中央経済社。
Alibhai, S., *et al.* 2020. *Wiley Interpretation and Application of IFRS Standards 2020.* Wiley.
Barker, R., and S. H. Penman, 2020. Moving the Conceptual Framework Forward: Accounting for Uncertainty. *Contemporary Accounting Research* 37(1): 322-357.
Fisher, I. 1906. *The Nature of Capital and Income*. Macmillan.
Hayek, F. A. 1935. The Maintenance of Capital. *Economica* 2(7): 241-276.
Hicks, J. R. 1942. Maintaining Capital Intact: A Further Suggestion. *Economica* 9(34): 174-179.
Hicks, J. R. 1946［1939］. *Value and Capital, Second Edition*. Oxford University Press.（安井琢磨・熊谷尚夫訳（1995［1951］）『価値と資本』岩波書店）
Klamer, A. 1989. An Accountant among Economists: Conversations with Sir John R. Hicks. *Journal of Economic Perspectives* 3(4): 167-180.
Penman, S. H. 2016. Conservatism as a Defining Principle for Accounting. *Japanese Accounting Review* 6: 1-16.
Saito, S., and Y. Fukui. 2016. Convergent Evolution in Accounting Conceptual Framework: Barker and Penman (2016) and ASBJ (2006). Working Paper, Aoyama Gakuin University.
Schelling, T. C. 1995. What Do Economists Know? *American Economist* 39(1): 20-22.
Schumpeter, J. A. 1954. *History of Economic Analysis*. Oxford University Press.

第2章　フローがストックを決める

(注)
1　本節の内容について，詳しくは福井（2011）を参照。
2　たとえば，会計実務家出身の経済史家de Roover（1974）を参照。
3　Kauder（1953，650頁）。
4　同様の図がFisher（1930，15頁）にある。
5　斎藤（2019，391頁）。
6　本節と次節の内容について，詳しくは福井（2012）を参照。
7　期間有限の場合，以下の議論は必ずしもそのまま適用できないけれども，期間が十分長ければ，近似として成り立つ。期間有限であることを明示的に取り込んだ場合は，斎藤・福井（2019）を参照。
8　$\frac{1}{1+\text{資本コスト}}+\frac{1}{(1+\text{資本コスト})^2}+\frac{1}{(1+\text{資本コスト})^3}+\cdots=\frac{1}{\text{資本コスト}}$ 。
9　事前も事後も期待収入が一定のため，収入＝利益となる。
10　Hicks（1946，179頁）。

注・参考文献

まえがき

（参考文献）

徳賀芳弘・大日方隆編著（2013）『財務会計研究の回顧と展望』中央経済社。

第１章　経済学の背後に会計あり

（注）

1　斎藤（2019［2009］，390頁）。
2　Penman（2016，14頁）。Barker and Penman（2020）は，この点を指摘したSaito and Fukui（2016）に言及している。
3　斎藤教授および筆者宛てペンマン教授私信（2017年２月27日付）。
4　清水（1972，296頁）。
5　Schelling（1995，21頁）。
6　本節の内容について，詳しくは福井（2012）を参照。
7　Alibhai *et al.*（2020，82頁）。
8　Hicks（1946，171-188頁）。
9　本稿の論点とは無関係なので，物価水準変動を考慮に入れた《No.３》は無視する。ただし，名目あるいは実質のどちらで考えるかの違いだけで，《No.２》に関する議論は，基本的に《No.３》にも当てはまる。
10　Hicks（1946，172頁）。ヒックスは期間の最小単位を「週」（week）と呼んでいるけれども，本稿では「期間」と訳した。
11　Hicks（1946，173-174頁）。
12　Hicks（1946，184頁）。原文イタリックを太字とした。なお，ヒックスは晩年のインタビューで「フリードマンの恒常所得のようなものだ」と明言している（Klamer 1989，173頁）。
13　平均的には，投資のコストとリターンは等しいと仮定する。あるいは，アントレプレナーによって資本コストを上回るリターンが期待される投資機会が発見された途端，こうした裁定機会はただちに解消されると考えてもよい。
14　正確には，期首に消費が行われると仮定されているので，資本コスト÷（１＋資本コスト）。
15　Hicks（1946，174頁）。
16　Hicks（1942，175頁）。
17　Hayek（1935，245頁）。
18　Fisher（1906）。
19　Schumpeter（1954，872頁）。

〔著者略歴〕

福井　義高（ふくい　よしたか）

【経歴】

1962年　京都府生まれ

1985年　東京大学法学部卒業

1998年　カーネギーメロン大学大学院博士課程修了（Ph.D.）

日本国有鉄道、東日本旅客鉄道株式会社、東北大学大学院経済学研究科を経て、現在、青山学院大学大学院国際マネジメント研究科教授、CFA

専門は会計情報・制度の経済分析

著書に『会計測定の再評価』、『鉄道は生き残れるか』（以上、中央経済社）、『日本人が知らない最先端の「世界史」』、『同２』（以上、祥伝社）など

たかが会計　資本コスト、コーポレートガバナンスの新常識

2021年６月15日　第１版第１刷発行
2021年11月10日　第１版第４刷発行

著　者　福　井　義　高
発行者　山　本　　継
発行所　㈱　中　央　経　済　社
発売元　㈱中央経済グループパブリッシング

〒101-0051　東京都千代田区神田神保町1-31-2
電話　03（3293）3371（編集代表）
03（3293）3381（営業代表）
https://www.chuokeizai.co.jp
印刷／三　英　印　刷　㈱
製本／誠　製　本　㈱

ISBN978-4-502-38581-0　C3034